未来のための選択
同伴成長

鄭 雲燦 著
（ソウル大学第23代総長、韓国第40代国務総理）
金 弘来 訳

共に歩めば遠くまで行ける！

同伴成長は文字通り「共に成長しよう」という意味だ。
先頭だけ一人で突っ走りそうなので「一緒に行こう」と叫ぶ声だ。
より良い未来に向かって「美しい同行」に旅立つ第一歩だ。
皆が幸せになれる世の中を作るための出発だ。

博英社

　『未来のための選択、同伴成長』は 2013 年に私が同伴成長研究所を設立した後、韓国社会で同伴成長の意味を広めるために執筆した本である。今回、日本語版を出版することができてとても嬉しく思う。

　現在、韓国と日本は不幸な過去の陰から離れ、未来指向的な関係を築き上げていく道半ばにある。近年、慰安婦問題や徴用工問題などで両国の関係がギクシャクしているが、韓国と日本には東北アジアの平和と繁栄のために友好的な関係を維持していかなければならない必要と義務がある。友好的な関係はお互いを理解しようと努力する過程で、共感できるところを多く共有していけば十分に維持できるだろうと思っている。そのため、この本が日本の読者の皆さまに現在の韓国の現実を少しでも理解し共感できる手助けになってくれればと思う。

　朝鮮戦争後の韓国社会は、1960 年代と 1970 年代の高度成長期を経て、1980 年代を前後して中流層が形成され、経済的にある程度豊かになった。しかし、1997 年のアジア通貨危機や 2008 年の世界金融危機を経験し、韓国社会に低成長と二極化が定着してから、新自由主義的経済政策の限界を感じ始めた。以前までの先に成長して後で分配する経済政策ではこの問題を解決することができなかった。2010 年、韓国社会ではこの低成長と二極化を解決する方法として同伴成長と経済民主化が注目された。

　同伴成長は共に成長し、共に分け合おうという社会哲学である。成長があるから分配ができ、分配をするからこそ成長できるという考え方である。また、経済民主化は大企業、中小企業、労働者、消費者などがお互いに対等な関係として選択的に経済活動を営むこと

である。したがって同伴成長を通じて経済民主化が行われ、経済民主化を通じて同伴成長は強化される。

　これまで韓国では、資本主義とは個人の利益を極大化すれば、「見えざる手」によって自ずから正当に分配され、正しい社会が作られると考えていた。しかし、それは事実ではない。アダム・スミスが提唱した資本主義は社会倫理と経済活動が融合した理念体系である。道徳哲学者であるアダム・スミスは『道徳感情論』で、人間の本性である共感 (sympathy) の能力が「公正な観察者」として道徳判断のメカニズムに作用し、神の摂理である「見えざる手」によってその言動が調整されると考えた。また、『国富論』でも利己的なおのおのの経済主体が自由に経済活動をしながらも、個人の内面にある「公正な観察者」が経済的利益を社会の道徳的限界の中でのみ許容することで、価格調整という「見えざる手」によって資源配分が効率的に行われると考えた。その上彼は、「公正な観察者」の役割を拡大して政府が独占・買い占め売り惜しみ・暴利など、不公正な事態に介入して公正さを維持すべきだと力説した。同伴成長はアダム・スミスの提示した資本主義の基本に戻ろうということである。

　この本が出版されて以降、多くの批判と抵抗があったが、韓国社会に同伴成長という言葉が一般化して、最近では韓国で多くの企業が同伴成長に参加し始めている。2023年コロナ禍を経て米中対立の最中である現在でも韓国は依然として低成長と二極化が続いている。しかし、私はここ十年間の韓国の経済環境が私の主張を裏付ける根拠として拡充されたと思っている。それに合わせて今回日本語版を準備しながら、この本に引用された統計と一部の内容を修正して追加した。

　2021年10月に就任した岸田総理が「新しい資本主義」という政策を推進していると聞いている。私は「新しい資本主義」の具体

的な内容をよく知らないし、いつまで続くか全く予想できないが、新自由主義の限界を認めて成長と共に分配を重視するという点では私が推進してきた「同伴成長」と似ているところがあるようだ。ここ 10 年間、韓国の同伴成長がそうだったように、岸田総理の新しい資本主義も「具体的な内容がわからない」、「社会主義的である」といった批判を受けているかもしれない。しかし、皆が豊かでサスティナブルな社会を作るためには低成長や二極化の問題は必ず解決しなければならない。このような人類の普遍的な問題の解決に人種も国境もない。

2022 年は同伴成長研究所の設立 10 周年の年であった。それを記念して同伴成長活動を海外に広く知らせようと計画したが適当な機会がなかった。博英社の安鍾萬会長とは 1978 年アメリカから帰国した後に知り合って以来 45 年にもなる。研究所の事情を知った安会長は、今回の日本語版の出版において難しいところを快く引き受けてくださった。また、実務的な業務を担当してくれた趙成晧理事、そしてこの本の内容が経済学的に問題がないのか丁寧に確認してくれた朴相俊早稲田大教授にも大いに助けてもらった。

この場を借りて日本語版の出版過程で力を貸してくださった多くの方々に心から謝意を表したい。

2023 年 10 月
同伴成長研究所理事長
鄭 雲燦

目次

プロローグ

美しい同行への第一歩、
同伴成長を夢見る

「東方成長（ドンバングソンジャン）委員会の委員長になられたので、東方成長・・・しまった。またまた同伴成長（ドンバンソンジャン）を東方成長と言っちゃった。ハハハ」

　私が韓国の国務総理から退いて、2010年12月に同伴成長委員会の委員長に就任した時だった。周りの人々の最初の反応は、意外にも「同伴成長」という言葉を発音するのが難しいということだった。「ドンバンソンジャン」と正しく発音するよりも、しばしば「ドンバングソンジャン」と発音するので、聞いている私としてもばつが悪いのは一緒だった。

　このように発音さえも不慣れだった「同伴成長」が、今の韓国では広く知られる言葉になった。ほぼすべての国民が少なくとも一度は「同伴成長」という言葉を聞いたことがあると思う。それだけ同伴成長に込められている意味が韓国社会において話題になっている。しかし、普通の人々の生活や生存にも関係する同伴成長を成し遂げようとする過程は、アマゾンのジャングルをかき分けて入っていくのと同じくらい難しかった。私は同伴成長委員会の委員長を1年と4か月の間引き受け、2012年6月からは同伴成長研究所の理事長をしている。これまでの間、応援をしてくれた人よりも、横槍を入れたり邪魔をしようとしたりする人の方がむしろ多かった。同伴成長をするためには財閥の意識が変わらなければならないが、当の私自身は、韓国社会で絶対的な力を振り回す帝王的な存在である財閥を相手に生身で対応しなければならなかった。そのたびに私は単槍匹馬の思いだった。

　東方成長なのか、同伴成長なのかさえも混同するぐらいなのだから、財閥と政府を説得することはやはり順調にはいかなかった。しかし、私は機会があれば同伴成長がどういう意味なのかを広く知らせようと努力した。すでに韓国の多くの国民はなぜ同伴成長を成し遂げなければならないのかを骨身に染みて感じていた。いつから

か家庭や職場で幸せではなく不安を感じ、韓国経済が変わらなければならないという要求が日が経つにつれて大きくなっていた。そのおかげで発音は難しくとも、多くの国民は同伴成長がなぜ必要なのかをすぐに理解してくれた。私は多くの人に同伴成長がどういうものかわかったと言われるだけでもやりがいを感じている。しかし道のりはまだまだ遠い。

　同伴成長とは韓国経済の体質を根本的に変えることだ。体質を変えようとするならば、まず意識から変わらなければならない。人も肥満体質を変えるためには、肥満がなぜ悪いのか、健康によい体質は何なのかを知るべきであり、またなぜ自分が変わらなければならないのか考えるべきである。それでこそ人は実践に移そうとするのではないだろうか。そばでいくら世話を焼いても、当の本人が何を言われているのかわからなければ何の役にも立たない。そして考えを変えるには、新しい変化がどんなものかをまず知らなければならない。

　同伴成長は文字通り「共に成長しよう」という意味だ。先に行ってしまいそうな先頭集団に「一緒に行こうよ」と叫ぶ声である。また、よりよい未来に向かって「美しい同行」の旅へと発つ初めの第一歩である。みんなが幸せになれる世の中を作るための出発点である。ところが財閥をはじめとする一部の人々はこれに背を向ける。

　「グローバルな競争の時代に何を寝ぼけたことを言っているのだ。駆けっこで１位になるためには全力で走らなければならないだろう。」

　しかし、マラソンは一人で走るより、ある程度距離を保って一緒に走った方が遠いゴールまでたどり着くことができる。一人で走って一人でゴールしても祝ってくれる人がいなければ、それもまた幸せとは言えないと思う。本当にみんなが望む「住みやすい国」を作るためには、みんな一緒に集まって走った方がいい。今私たちの経済は財閥の独走が度を過ぎていて、マラソン競技そのものを台無しにしている。

今のような経済構造を正しく直さずにそのまま見過ごしてしまえば、韓国の経済に未来はない。そして社会の秩序を維持することさえも段々難しくなっていくかもしれない。今、韓国の経済には同伴成長が必ず必要である。経済学者としての知識・直感はすでに韓国経済に対して赤信号を騒がしく点滅させている。私ではなくてもすでにあちらこちらで同伴成長にならなければこの社会の未来は暗鬱だと警告している。

　2012年6月、私が同伴成長研究所を設立し、まず最初にやりたかったことは同伴成長を人々にわかりやすく知らせることだった。そのために誰もが理解しやすい同伴成長についてまとめた本を書こうと決心した。これまで新聞・講演・テレビインタビューなどの狭い紙面や限られた時間の中で、一部だけしか見せられなかったところを、大きくて鮮明な絵のように描き、人々にわかりやすく紹介することが最大の課題だった。この課題を解決してこそ、はじめて多くの人々と同伴成長する韓国を夢見ることができる。

　私は同伴成長が何なのかを皆さまにも共感していただくために、これまで同伴成長のために走り回っていた時、心に溜めておいた話をすべて打ち明けたいと思った。そして、この本では、同伴成長とは何か、具体的に何をどうしたいのか、同伴成長がなぜ必要なのか、同伴成長が実現することで私たちの生活はどのように変わるかなどについて説明したい。2012年の大統領選挙の前に、韓国社会のあちらこちらで取り上げられていた「経済民主化」と「同伴成長」がどう違うのかも簡単に説明したい。

　中小企業で働く方、小規模事業者の方、自営業の方、そしてその家族なら、この本の内容に誰よりも深く共感してくれると信じている。彼らの多くが切迫した生存の岐路で希望よりも絶望を感じている。きっと彼らなら、経済問題だけではなく、同伴成長が提示するこの社会の未来についても理解してくれるだろう。また、私はこ

の本を財閥の総帥たちにこそ読んでもらいたいと思う。韓国の多く
の国民が財閥に対してどんな考えを持っているのかを学べるから
だ。それだけではない。財閥が本当にこの社会の指導者層であるな
らば、彼ら自身の大きな米蔵を守るだけでなく、皆の米びつを守ら
なければならない義務があることを、もう一度思い出してほしい。
皆の米びつが豊かでなければ彼らの米蔵も豊かであり続けることは
できないからだ。

　この本は普段の私の考えをまとめたものなので、執筆から出版
まであまり長い時間はかからないだろうと考えていた。しかし、内
容を整理する時間をつくることが思ったより容易ではなく、出版も
予定よりも大分遅れてしまった。この本の出版を待っていただいた
多くの方には本当に申し訳ない。

　また、読者の皆さんには同伴成長を少しでもご理解いただける
なら幸いと思う。もっと多くの方々が同伴成長を心から応援してく
ださるきっかけになってほしい。そしてこの本が小さな火種となり、
同伴成長に関する素晴らしいアイデアや知恵が世の中に溢れ出てく
ることを願う。

　「二人が林檎を一つずつ持っていて、それを互いに交換すれば、
二人はそれぞれ一つの林檎を持っているだけだ。しかし、二人がア
イデアを一つずつ持っていて、互いに交換すれば、彼らはそれぞれ
二つのアイデアを持つことになる。」

　これはジョージ・バーナード・ショーの言葉である。今私たち
に必要なのは、このようにアイデアと知恵を分け合うことだ。これ
もまた同伴成長ではないだろうか。

2013 年 1 月
鄭 雲燦 同伴成長研究所理事長

第一章

一人で先へ行く時代は
終わった

未来のための選択、同伴成長

　2013年、韓国の政界を熱く盛り上げていた話題は、「経済民主化」だった。与党野党を問わず、経済民主化を実現しなければならないという声が高まっていた。政界だけのことではない。国民たちも同様に、いたるところで経済民主化の実現を熱望する声が上っていた。熱望はそれを求める渇きから生じる。経済民主化は韓国憲法の条項にもある政府が担う当然の責務であるにもかかわらず、十分に実践されていないため、国民は政府に向かって「責務を果たせ」と叫んでいた。

　韓国憲法第119条第2項は、大企業に集中した富の偏り現象を法で緩和しなければならないとしている。法条項をもう少し詳しく見てみると、「国家はバランスの取れた国民経済の成長及び安定と適正な所得の分配を維持し、市場の支配と経済力の濫用を防止し、経済主体間の調和による経済民主化のため、経済に関する規制と調整をすることができる」となっている。すなわち、バランスの取れた国民経済の成長及び安定、適正な所得分配、市場支配と経済力の

濫用防止、経済主体間の調和を通じて経済民主化が実現されることになる。そのためには、国が経済に関わることができるということだ。ところが、経済民主化の実現に向けた4つの前提条件のうち、どれ一つも明快に実現していない状況なので、政界はもとより国民からも熱望の声が上がっていた。

　私は財閥の力が一番強かった1990年から既に経済民主化を主張してきた[1]。そして、財閥中心の偏った経済構造が深刻な副作用を抱えていることをよく知っていた。絶対的な力を振るう財閥の弊害は、実に大きかった。特に、政府で働いていた時、実際その弊害がどのような形で現れているのかを、直接目にしたり聞いたりした。そして、ただ黙って見てばかりいるわけにはいかない状況に至ったと判断した。

　食べていくという生活の問題は人間の最も基本的な欲求だ。ところが、その欲求が挫折するということは、生存が脅かされるという意味だ。私はその切迫した事情を自分の耳で聞くことができた。以前からの知り合いである中小企業の経営者がある日、私を訪ねてきて訴えた。

　「移民でもしなければなりません。このままでは到底持ちこたえることができません。」

　「いや、事業もうまくいっているそうですが、急に移民って、どうしたのですか。」

　「財閥の横暴がますますひどくなっているので、とても我慢できません。このままでは会社を辞めるのは時間の問題です。」

　私はこれは一体どういうことなのかと思った。1997年のアジア

---

1) 1991年同僚の経済学者と共に『試される韓国経済』(韓国信用評価、1991)という本を出版したことがある。私はこの本の総論にあたる「韓国経済の民主化のために」を書いた。

通貨危機の厳しい経済状況の中でも、それなりに堅実だと評価されていた会社の代表が、このように訴えてくることが信じられなかった。ただ経営が行き詰まっているのだろうと単純に推測していた私としてはちょっと決まりが悪かった。

　長い時間続いたその中小企業の経営者の訴えは、一個人だけの問題ではなかった。本当に現実でそんなことが起こりうるのかと耳を疑うほど、中小企業に対する大企業の横暴は卑劣で用意周到だった。納入単価を引き下げ、技術や人材を引き抜く財閥系大企業の昔からの慣行を知らなかったわけではない。しかし、直接被害を受けた当事者の生々しい話を聞いていると、激しい公憤を感じるようになった。私は直ちに総理室の担当者に大企業と中小企業の生態系現況を調査するように指示した。そしてそれについて詳しい報告を受けた。

　報告内容をよく見ると、予想通り私を訪ねてきた中小企業だけの問題ではなかった。それは韓国の企業生態系に蔓延している慣行だった。そんな慣行が正しくないことは誰もが知っている。しかし、ここ数十年間、全く正されず、慢性的な弊害になり、社会をさらに荒廃化させているのが問題だった。最も懸念されたのは、そのような慢性的な慣行が静まるどころか、ますますひどくなっていることだった。

　私はこの問題に背を向けることができなかった。そのため、この問題を解決しなければならないという使命感から、李明博大統領のもとを訪れた。私は大統領に、「大企業の横暴を防ぎ、経済民主化をしなければ、国の経済が苦しくなり、社会の結束を維持することも難しくなるかもしれないので、特別な措置が必要だ」と直言した。

　誰も容易に触れることすらできなかった財閥の慣行をたたき直そうと思ったのは、ただ悔しい思いをしている中小企業だけのためではなかった。財閥への経済力の集中が度を越しているため、韓国の経済全

体が躍動性を失ってしまう状況に至っており、このままでは韓国の将来が暗いと思ったからだ。単に財閥と中小企業間の問題ではなく、韓国の未来に関わる重大な課題であった。韓国経済が往年のダイナミズムを失い、せいぜい３〜４％の成長しかできず年老いてしまった根本的な原因も、実は財閥系大企業に経済力が集中したところにあった。

　現時点でこの問題を急いで解決できなければ、韓国という船は未知の新世界に到着する前に沈没してしまうかもしれない。すなわち、現在の韓国経済は、ダイナミズムを回復し、活発な成長を再開するのか、それとも徐々に国際舞台の裏側に消えていくのかという分岐点に立っているのだ。

中小企業を殺す「乙死（ウルサ）条約」

　1905 年に朝鮮が日本と結んだ「乙巳条約 (ウルサじょうやく、乙巳保護条約)」は、韓国の歴史の中でとても耐えられない屈辱的な出来事だった。ところが、それから 1 世紀も過ぎた 2012 年に、再び乙巳条約が人々の話題に上っているという。その条約はほかならぬ韓国における中小企業と大企業との取引契約である。契約の際、便宜上多くの場合、発注者の大企業は「甲」と、下請けの中小企業は「乙」と仮称することになる。この「甲乙」関係で常に損をするのは「乙」の中小企業である。そのため「乙死条約 (ウルサじょうやく)」と言うらしい。

　事実、この国では生活が苦しいから移民でもしなければならないというのは、まだいい方だと言える。中小企業の経営者の中には「自殺」という極端な選択をする人も少なくない。2008 年 2 月、大手企業の大型ディスカウントストアと納品相談を行っていたある

中小企業の社長が焼身自殺した事件が起きた。故人は中小企業ではあるが、テレビショッピングで一夜干しの干物を売って多くの利益をあげ、日本にも輸出するほど堅実に企業を経営していた。しかし、大型ディスカウントストアと取引をすることになってから、20億ウォン（約2億円）以上の莫大な損害を被ることになった。結局、その悔しさに耐え切れず、自ら命を絶った。

　大型ディスカウントストアと取引している間、故人は数億ウォンもする機械導入の強要や販促社員雇用の強要、「すべての損失は自社にある」という不公正取引の覚書まで作成させられ、最終的には一方的な取引中止まで甘受しなければならなかったという。その後、新しいアイテムを開発し、取引を再開しようとした。しかしその過程で大企業側が「容器のデザインを変えろ」「生産工場を変えろ」と要求し、時間を稼いだ。結局、他社から模倣製品が出ると、一方的に取引不可を通知してきた。

　このような血も涙もない大企業の横暴に、あまりにも悔しくて死ぬことすらできないという人もいる。10年間も大企業に納品してきたある会社の社長は、突然の取引中止の通告に憤りを禁じえなかった。表向きには取引中止の理由として技術力不足などを挙げていたが、本当の理由は他の会社に仕事を集中的に提供するためだった。小さいが会社としてはかなりの技術力を備えた中小企業で10年間も大企業に製品を納品してきたが、結局のところ「狡兎死して走狗烹らる（獲物のウサギがいなくなれば、猟犬は不要となり煮て食われる）」だった。その上、その過程で、当該の大企業はあらゆる侮辱や暴言、社員の天下り、技術力のある社員の引き抜きなどの前近代的な振る舞いを一貫した。怒りと挫折感で自殺まで考えたが、悔しくて死ぬことすらできなかったというある中小企業関係者の絶叫に、なぜ彼らが大企業との取引を「乙死条約」と自嘲するの

か十二分理解することができた。

　このような現実を直接目にした以上、知らないふりはできなかった。大企業と中小企業が今のような「乙死条約」の関係から脱して、お互いに対等な立場で取引できるシステムに経済構造を変えていくのが、私の新しい目標になった。

　現在、韓国だけでなく世界的にも「大・中小企業間の役割関係を再確立すべき」という声は高まっている。米国の官民合同組織である国家競争力委員会 (Council on Competitiveness) が 2013 年に発刊した『国家革新報告書 (National Innovation Report)』でも、21 世紀の国家革新を検討するために注目すべき 7 つのキーワードの一つに「大企業と中小企業関係の変化」を挙げている。しかし、これが特に韓国の国民にとってより切実なものになる理由は、韓国企業の 99% が中小企業であり、雇用の 88% を中小企業が作り出しているという現実による。多くの国民の生活基盤になっている勤め先の会社が中小企業である。この中小企業が日増しに経営が困難になっていくため、国民の暮らしが平穏であるはずがない。

　多くの国民が死ぬほど働いても、マイナスの人生の泥沼から抜け出せないのは、努力が足りないからではない。情熱が足りないわけでもない。韓国の産業構造の長年の矛盾と市場の無限競争がもたらした結果だ。にもかかわらず、この社会は困難に直面した国民に努力と忍耐だけを要求している。どれほど切羽詰まっていれば、国民がこの国を去ることを考え、貴重な生命を放棄するにまで至るのか真剣に悩む代わりに、目先の非難から免れるための言い訳だけを探している。

財閥神話の光と影

　昔は、「食べていく」ことが一生の課題だった。一つの家庭で全員の子供を教育するのは、思ったほど容易なことではなかった。それゆえ、長男をひいきして集中的に援助するのが、その家族全員を生かす最善策だと思われていた。親はもちろん、兄弟たちまで次々と長男のために犠牲と譲歩を強いられた。学費と生活費はもちろん、いい服やおかずは当たり前のように長男のものになった。

　そうした家族の汗と涙で学業を終えた長男の一部は、その後人目に恥ずかしくない姿で成功への道をまっしぐらに突き進むが、「目標にしていた地位に到達するにはまだまだ遠い」と家族の犠牲から目を背き、知らぬ存ぜぬで押し通す。長男に対する家族の犠牲は、そもそも「長男一人だけでも立派になれ」というものではなかった。みんなが力を合わせて後押しするから、お前が成功して家計を立て直せというものだった。しかし、家計を立て直すどころか、長い間自分のために家族が払ってきた犠牲まで知らん顔して、自分一人だけ豊かな暮らしを享受している。

　韓流ドラマにでも出てきそうなこの恩知らずの長男の姿が、韓国の大企業によく似ているとすれば話が飛躍しすぎだろうか。韓国の財閥系大企業は、かつて政府の全面的な支援のお陰で成長した。貧しい後進国から脱するために、政府は一部の企業に仕事を集中的に提供し、恩恵を与えた。外国から借りた借款、大規模な公共事業の発注、業種別代表企業の選定などは、短期間に産業の基盤を整え、経済成長を実現するための政策だった。

　今、韓国で財閥と呼ばれている大企業は、そのほとんどがこの時に国から大きな恩恵を受けた。1997年のアジア通貨危機の時にはどうだったのか。これまで隠れていた財閥のずさんな体質が白日の下に晒された。市場経済の論理通りに適用すれば、多くの企業が

倒産に追い込まれるべきだった。しかし、その時も国民の税金で財閥を助け蘇らせた。財閥の下請け企業だった中小企業はバタバタと倒産し、職を失った多くの人が路頭に迷う犠牲を払ってまでだ。

　韓国財閥の成功神話は、まるで漫画やドラマのように、主人公一人の卓越した能力だけで作られたものではない。そして、成長を優先するという理由で、総帥やその家族が企業を支配する構造も容認した。その結果はどうだったか。今や財閥は巨大な恐竜となってこの地に君臨している。このように財閥が「恐竜」の風格を整えていく間、国民と中小企業は財閥を後押しするために腰が曲がってしまった。しかし、このいわゆる「トリクルダウン効果 (trickle-down effect)」といって富裕層や財閥が豊かになったら皆も豊かに暮らせるという論理は、今もなお呪術のように韓国社会に漂っている。

　朝鮮戦争の後、廃墟になってしまった祖国を立て直すためのやむなき選択だった。しかし、大企業に対する莫大な支援が、結局は国民の犠牲から出たことは確かだ。だからこそ、これからはその国民に目を配らなければならない時ではないだろうか。ところが2010年前後の韓国の大企業はその犠牲と恩恵に感謝するどころか、「自分一人が立派だったから成長した」という傍若無人な態度で、中小企業を圧迫し、無差別的な市場参入を繰り返し成長していった。中小企業に対する納品単価の引き下げを強要する事例が依然として新聞紙面を埋め、街中の小さな店を追い出す大企業の流通網が堂々と稼動している。その結果、大企業は2011年12月決算で55兆9000億ウォン(約5兆6000億円)の純利益を出した。2009年に比べ73%も増加した実績だった。そして、2018年には100兆2000億ウォン(約10兆300億円)の純利益を出している。2017年に比べ86.2%も増加した史上最高の実績である。

　もちろん大企業は史上最高の実績を上げるためにあらゆる努力

を注いだはずだ。その努力に拍手と激励を送りたい。しかし、その実績の裏に中小企業の苦しみや痛みが隠れているなら、それは正さなければならないと思う。大企業は資本金の数十倍を超える利益余剰金を金庫の中に貯めているのに、下請けの中小企業は利息を返済して賃金を払ったら何も残らないと訴えているからだ。そして、このような問題は、彼らの努力不足によるものではなく、下請け会社に対する納品単価の半ば強制的な引き下げや技術の横流しのような、大企業の横暴な振る舞いとそれに目をつぶる制度的な隙間によるものであると言っても過言ではない。

中小企業は経営が苦しいので、自社の社員の賃金を上げることができず横ばい状態である。物価は上昇して国民の生計はさらに苦しくなりゆとりがなくなった。世帯あたりの負債、特に住宅担保負債が「時限爆弾」に喩えられるほど危険な水準に達している。韓国国民の努力でアジア通貨危機とグローバル金融危機を克服したが、その果実は少数の大企業にのみ偏り、社会の二極化がさらに酷くなったというのが一般的な公論だ。にもかかわらず、大企業が伝統的に自営業者や中小企業の分野だった MRO(Maintenance, Repair and Operations: 消耗性資材購買代行業)、SSM(Super SuperMarket: 企業型スーパーマーケット)、金型産業分野にまで進出する事例が頻発している。ひどい場合は、町の路地商圏にまで進出し、パン屋や小さな店を脅かしているのだから、手当たり次第に何でも食べてしまうヒトデと言っていい。その上、このような傾向は簡単には改善できる兆しすら見えない。自由競争市場の論理を建前に、手をこまねいて見ているだけでは、中小企業が百年下請けの立場から逃れる日は、本当に百年河清を待つ[2]ようなことになってしまう。

---

2) 黄河の水が澄むのを長いこと待っている意から、まったく当てにならないことをいつまでも待つことのたとえ。

共に生きるために成長しよう

　2010年6月29日、韓国の国会は政府が発表した世宗市へ首都を移転するという修正案を否決した。世宗市首都移転計画は元々2003年に盧武鉉政府がソウルの遷都を進めたが、2004年に憲法裁判所の首都移転違憲判決によって一度頓挫した。その後、2007年の大統領選挙の過程で韓国の国論を二分するほどの大きな論争になり、結果的に政府行政機関の一部を移転することになったものだった。当時李明博政府の総理を勤めていた私は、行政機関を二分する世宗市への移転計画は非効率的であって原案通りの施行は難しいと考え、その代わりとなる教育・科学中心の経済都市を目指す世宗市首都移転の修正案を進めていた。その修正案が否決された結果に対し、私は道義的な責任を取らざるを得ない立場になった。

　今や、総理の執務室を忠清南道の世宗特別自治市に移転したことで、行政機関をソウルと世宗市に半分ずつ分けて運用する前代未聞の行政的実験が始まっている。政府が二つに割れることの副作用を知りながら、政界は世宗市問題を原案どおり決定した。しかし、私は今でも国の行政機能を二つに分けてはならないという私の判断

は正しかったと思っている。

　2010年3月の天安艦(チョンアンハム)哨戒艇沈没事件や同年11月の延坪島(ヨンピョンド)砲撃事件のような国家的非常事態が起きた時、政府が3、4時間もかかる距離に二つに分かれていたら、果たしてこの国の行政は迅速で十分な対処ができるだろうか。選挙で多くの票を獲得するために行政機関を二つに分けることは、国家の利益よりも政治家個人の利益を優先しようとする間違った発想だという確信は、今もなお少しも変わっていない。

＜天安艦(チョンアンハム)哨戒艇沈没事件＞

　国家の未来のために正しくないことを正そうとしたという理由で責任を取れというなら、そして責任を取ることが総理の座から退くという意味なら、私は総理の職を辞任することに何の躊躇も未練もなかった。

　ただ一つ、大企業と中小企業間の同伴成長を問題提起しただけ

で、本格的に進められなかったことに対する残念な気持ちは残った。しかし、大企業と中小企業間の同伴成長、すなわち韓国企業の生態系を変えることはあまりにも膨大な問題である。もし進めていたとしても、とても長い時間がかかる事案なので、10か月余りの在任期間内に完成することは最初から不可能だったと、自分の気持ちを紛らすしかなかった。

　総理を辞任してから数か月が過ぎ、年末が近づいていた頃だった。政府が同伴成長委員会を新しく設立する予定だから、ぜひ委員長を引き受けてほしいという要請が大統領府から来た。私は快く引き受けた。もちろん、心の片隅に一抹の不安がなかったわけではない。ここ数十年間、誰も解決できなかった慢性的な問題を果たして短期間で具体的な成果を出せるだろうかという悩みだった。しかし、事の重要性を考えた時、誰かが先頭を切ってやらなければならない事案だった。また、具体的に成果を出すまではいかなくても、少なくとも今の間違った軌道を変える土台の役割ぐらいはしなければならないという強い使命感と意欲が生まれた。

　私は総理を辞め、国民に「低いところを照らす灯りのような役割を続ける」と申し上げた。その約束を守るためにも、できるだけ多くの人と話し合い、多くの国を訪れ、韓国が進むべき方向はどこであり、韓国経済をグレードアップする方法は何か探してみたかった。そして、韓国が何を準備すればいいのか絶えず模索し、研究してみたかった。同伴成長委員会の委員長は、まさにそのようなことができる適切な役職だと思って、私は快く引き受けた。

同伴成長に対する誤解と理解

　皆が一緒に豊かに暮らそうという意味の同伴成長は、随分前から韓国社会の共通の願いであり要求だった。いつからか私のトレードマークのようになってしまった「同伴成長」という言葉も、実は盧武鉉政府の「共存協力」や李明博政府の「共生発展」と趣旨に大差はない。人々が「なぜこんなに名称がコロコロ変わるのか」と文句を言うのも、すでに同じ意味であることを知っているからだ。重要なのは、そこに込められた意味を正確に知るところにある。

　韓国で同伴成長といえばよく「金持ちのものを奪って貧しい人に分けあたえるもの」と誤解されたりする。そのためお金持ちの人々は「なぜ私のものを他人に分けろと言うのか」と反発し、一方の貧しい人々は「私たちが乞食か。私は仕事をした分だけ正々堂々ともらいたい」と怒る。しかし、それは同伴成長の意味をちゃんと理解していないことから生じた「誤解」だ。同伴成長は「伴に成長しよう」という意味だ。つまり「共に」生きるために君のものを少し減らして私にくれというのではなく、「一緒に豊かになろう」ということだ。大きさが決まっているパイを片方がより多く取ることで、もう片方がより少なく取ることではない。元のパイをさらに大きくして、また分配も公正にすることで、皆がそれぞれ今より多く取れるようにしようという意味だ。経済の成長を害さず分配も公正にすることで皆が一緒に豊かに暮らせるというのが同伴成長である。

　私は同伴成長委員会の委員長に就任した後、大統領を訪ね、同伴成長についてもう一度説明した。幸いにも大統領は同伴成長が韓国社会に定着する必要性について十分認識していたため、私の言葉にかなり共感してくれた。しかし、問題は別のところにあった。大統領の意思を実現することが最優先の任務であるべき大統領府の主要官僚たちは、同伴成長に対して、最初から否定的な態度を示して

いた。彼らの一部は財閥の大きな助力、もしくは小さな助力によってその地位に上ることができたので、あえて財閥に憎まれるようなことはしたくなかったのだろう。その上、彼らは韓国で財閥の力がどれほど強大なのかをよく知っているため、一部の人々は同伴成長など最初から実現不可能なことだとさえ考えていた。同伴成長の趣旨に共感しないわけではないが、財閥の激しい反発が予想されるため、最初から関わりたくなかったのだろう。

　それだけでなく、人員と予算の面で実質的な支援の鍵を握っている知識経済部(後の産業通商資源部)は同伴成長を公に非難することを躊躇しなかった。このような状況の中で、同伴成長委員会は予算も人員も全然足りなかったし、委員会の活動は事あるごとに足を引っ張られ、はじめの一歩を踏み出すことさえも難しかった。

　私としては大きな志を抱いて臨んだ道であるだけに、その第一歩が難しいからといって、止まることはできなかった。同伴成長の意味を広く知らせるためには、同伴成長の文化を作り上げ、人々に共感してもらうことが、同伴成長委員会の最大の課題になった。そして私は予算と人員が許す限り全力を尽くした。

　「私が同伴成長委員会の委員長職を引き受けた後、人々に伝えた同伴成長の価値は大きく分けて三つだった。一つ目は同伴成長を通じた危機管理だ。現在、韓国は貧富の格差をはじめ、さまざまな分野で二極化がピークに達しているといっても過言ではない。これを直さなければ、韓国社会全体が崩壊する危険まで内包している。この危険は、北朝鮮からの軍事的脅威に劣らない国家的危機をもたらしかねない。

　二つ目は成長だ。単純に二極化をなくすことで終わってはならない。韓国が国際社会で生き残るためには、持続的な成長が欠かせない。韓国の経済は明るい側面もあれば暗い側面もある。しか

し、明るい側面はより明るくし、暗い側面はこれ以上暗くならない
ようにするためには経済が成長しなければならない。韓国は世界
史上、7か国しかないという「30-50 クラブ」[3] に含まれるほどすご
い底力を持つ国だ。また、2021 年 7 月、UNCTAD(United Nations
Conference on Trade and Development、国連貿易開発会議) は、韓
国の地位を開発途上国から先進国に変更した。1964 年、この国連
機関が創設されて以来、初めての出来事らしい。韓国は国際社会の
中でそこそこ底力のある先進国として認められつつある。このよ
うな底力を持続的に発揮していくためには成長が止まってはなら
ない。経済が成長するために、中期的には研究開発 (Research and
Development、R&D) の方向へと転換し、長期的には教育を変革し
て創意工夫を向上させ、先端コア技術の開発能力を備えることが重
要である。しかし、いずれも相当な時間が必要なので、今すぐ足下
の火を消すことができる短期的な戦略を同時に実行しなければなら
ない。それが大企業と中小企業の同伴成長だ。

　今、大企業は資金はあっても適当な投資先が見つけられず、投
資が滞っている状態だ。一方、中小企業は投資対象はあるが、資金
がないため投資できない実状である。このような不均衡を短期間で
なくし、中小企業の競争力を高めて韓国経済の成長を導くことがで
きるのが、他ならぬ同伴成長だ。

　三つ目に、同伴成長は我々韓国人にとって情緒的にも適ってい
る。いくら正しくてよいことでも、私たちの情緒と合わなければ、
拒否感を持つのは当然である。しかし、幸いなことに同伴成長は伴
に生きることを望んでいた韓国社会の古い情緒ともよく合ってい

---

3)「30-50 クラブ」は人口が 5 千万人以上、1 人当りの国民所得が 3 万ドル以
上の基準を同時に満たした国を意味する。他に、アメリカ、日本、ドイツ、フ
ランス、イギリス、イタリアがある。

る。私たちの祖先は、随分前から郷村社会の自治規約である「郷約」[4]や原始的共同労働組織である「ドゥレ」[5]などを通じて、隣人同士の困難を助け合って共に成長してきた。歴史的に有名な大富豪の中には、慶州 (キョンジュ) の催氏の家のように、自分の富を自分だけのものと考えず、隣人と分けていた尊敬されるべきお金持ちも少なくなかった。酷い日照りや洪水に見舞われた時は、蔵を全部開けて隣人の苦しみを伴に分かち合った。あれだけ与えてきたにもかかわらず、崔富豪の家は滅びるどころか、400 年もの間、人々に尊敬されながら続いた。

　同伴成長は韓国を超えて、全世界の人類の情緒ともよく合っている。ウォーレン・バフェット、ビル・ゲイツのように分け合いを実践し、模範的な人生を送っている世界的な大富豪もいる。甚だしきに至っては、貧しくて分け合うことがあまりなさそうに見えるアフリカでさえも、「早く行きたいなら一人で行け、遠くへ行きたいなら皆で行け」という諺が伝えられているほど、多くの国や地域では、皆が一緒に成長する生き方が重要だと考えている。

　同伴成長委員会の任務は、このような同伴成長の価値を広く知らせ、同伴成長の文化を造成し、拡散することだった。同時に、我々は同伴成長を現実に実行する実質的な方法についても工夫した。その結果、中小企業と大企業の同伴成長案として次の３つを提示した。

　一つ目は「協力利益配分制」だ。大企業が収めている超過利益の一定部分を協力中小企業の成長基盤の強化に活用しようというものだ。当初、この名称は「超過利益共有制」と呼ばれていたが、紆余曲折を経て協力利益配分制に改称された。

　二つ目は、「中小企業適合業種の選定」である。1979 年に導入

---

4) 향약.
5) 두레.

され、2006 年に廃止された「中小企業固有業種制度」と類似した
もので、中小企業の事業領域を保護するため、大企業の新規参入拡
大を禁止する業種を選定し、中小企業の自生力と競争力を高めよう
という意図を持っている。例えば、A という業種を中小企業適合業
種に選定することで、大企業ではなく中小企業が利益を上げること
になれば、それを資金に中小企業は製品開発や品質向上にさらに努
力できるようになる。実際、中小企業適合業種に関してシミュレー
ションしてみると、いずれ 10 兆ウォン (約 1 兆円) 近い大金が中
小企業の売上として確保できると期待される。

　三つ目は、「公共調達の中小企業中心化」である。一般的に、韓
国の政府が調達庁を通じて物資を発注する際、大企業に発注すると、
大企業が親業者になって中小企業に下請する構造で、政府発注が行
われてきた。しかし、この過程で大企業がすることは何もない。た
だあいだに入って余分な中間マジンを取るだけだった。2020 年のコ
ロナ禍の日本で実施された持続化給付金事業でもみられた、いわゆ
るピンハネや中抜きである。したがって、政府がある程度の割合を、
例えば 80% 以上を中小企業に直接発注することへと変えてみてはど
うだろうか。そうなれば、中小企業が現在直面している「投資対象
はあるが、資金不足の状況」が大きく改善される可能性がある。

　いくらいいアイディアや技術を持っていても実践が伴わなけれ
ば、映画の中のパラダイスにすぎない。物事を改善し、変化させる
には、大きい計画よりも小さい実践が必要だ。ダンテが「一つの小
さな火種が大きな炎を作る」と言ったように、私たちも未来で大き
な幸せを手に入れるため、小さな火種を消さずに火を育てていかな
ければならない。そして、その実践を拡張していけるシステムを定
着させることが必要である。

　同伴成長委員会は真の変化の扉を開くため、先に述べた 3 つの

代表的な実践策を提案した。そして、この対策が現実でより多く実践されるようにするため、大企業の同伴成長への努力を測定する手段、すなわち「同伴成長指数」を作って評価してみようと主張した。強制力はないが、このような大企業の同伴成長の努力を測定して公表することで、少なくとも消費者がどの企業がいいのか、どの企業が悪いのかを判断できる手段にはなるだろう。その次は消費者、いや国民の力を示せばいい。共に進んでいくのではなく、自分の利益だけを考える企業には、ここに居場所がないことを全国民が見せてあげればいいのだ。

超過利益共有制とは

　同伴成長委員会の初めて手がけた政策である「超過利益共有制」が世間に知られることになった。すると、まるで待っていましたと言わんばかりに、あちらこちらから激しい反発を受けた。財界・政界・学界を問わず多くの人々が反対の声を上げた。森を見ずに木だけを見る近視眼的な非難だった。国家の未来、中小企業の生存、国民の暮らしが揺らいでいることを知りながら、その対策について真剣に考えるどころか、揚げ足だけを取っていた。当時は文字通り四面楚歌だった。しかし、反対する人々の騒がしい声とは裏腹に、「超過利益共有制」の本当の中身は、それほど複雑なものでも突飛なものでもなかった。財閥が負わなければならない負担の大きさも、彼らの天文学的な利益規模に比べれば、本当にわずかで取るに足らないものだった。

　超過利益共有制とは、要するに超過利益を出した大企業が自社の従業員を対象に行っている「利益共有 (Profit Sharing)」制度を、

取引会社である中小企業にも拡大適用して実施しようというものである。韓国のある大企業の場合、2011年に1兆ウォン（約1000億円）以上の成果給を利益共有の観点から役職員に支給したという。しかし、このような成果がその企業の努力だけではなく、取引している中小企業に助けられたものであるならば、その成果の一部分をその中小企業の成長基盤のために活用できるような気がした。もしそうなれば、中小企業に強い動機を提供することができる。つまり、成果給というのは、単によくやったから分配するということに留まらず、これからもよろしく頑張ってくださいという動機づけの意味にもなるのではないか。そのモチベーションが中小企業に以前よりもいい成果を創り出せるようにするということは、経営の基本的な常識だ。このように中小企業に成果を分配することで「ウィンウィンの関係」が期待できる。要するに最初の目標より商売がうまくいったら、独り占めしようとせず、助けてくれた人々にも少し分け与えてくださいということだ。

　もちろん、大企業と中小企業の同伴成長のための方策として、既に施行していた「成果共有制（Benefit Sharing）」という制度がある。しかし、まだその成果は微々たる状況だ。同伴成長のために一生懸命努力していると好評価されているある大企業でさえも、営業利益を5兆ウォン（約5000億円）も上げていながら、成果共有制を通じて共有された成果は、100億ウォン（約10億円）を超えないレベルだった。このような0.2％にすぎない成果共有では、まるで見知らぬ他人に善を施す、ただのばらまきにすぎない。

　私が「超過利益共有制」をよりわかりやすく自社の役員や従業員のインセンティブを例にあげ説明すると、すぐさま「現金を出せというのか」と反発する人たちもいた。しかし、むしろ私は現金を配ることには反対である。現金は今すぐ便利に使えるかもしれない

が、企業を成長させる火種にはなりえない。そのため、同伴成長委員会は、それぞれの大企業がその金額を一種のファンドという形にして、技術投資、役員や従業員の教育、雇用安定など、さまざまな方法で協力会社の成長基盤を強化するため、自主的に運営すべきだと主張した。ただ、同伴成長委員会は、この運用に関して一定の基準を示し、運用の実態を調査して、全体の同伴成長指数と連動させて評価することになった。

　韓国の大企業が国内ではゴリアテ[6]の立場にあるかもしれないが、グローバル市場で外国の超優良企業と競争する時には、まだ力不足で多少不安な立場にある。海外の超優良企業と競争するためには品質や価格の競争力を備えることが重要だ。しかし、その中で最も重要なのは、新しいものを作り出す能力だ。この能力を人々は「革新力量」と言う。ところが、韓国企業にはまだこうした革新力量が足りないのが現実だ。言うまでもなく品質競争力を左右するのは、この革新力量だ。

　創造的な革新力量は一瞬にして生まれる超能力ではない。だからこそ、韓国企業は今すぐ成果を出すために執拗なまでに価格を下げようとする。結局、部品の価格などを引き下げて競争力を高めることに集中するしかない。しかし、革新力量の開発をないがしろにしたまま価格競争だけに集中すれば、そのうち協力会社の経営は厳しくなる。部品価格の引き下げは、そのまま協力会社の負担になるからだ。手に負えないほどの値下げへの圧力が続けば、結局、優秀な中小企業も廃業に追い込まれるしかない。それでは大企業としても後で困難に直面するのは火を見るよりも明らかだ。

---

6) ゴリアテ。旧約聖書の「サムエル記」に登場するペリシテ人の巨人兵士。羊飼いの少年であったダビデに倒される。弱小な者が強大な者を打ち負かす喩えになっている。

石のように全国に転がっているのが中小企業であり、残念なことなどないかもしれない。しかし、良質の部品を作り出す力量を備えている中小企業は、それほど見つけやすいものではない。大企業の目には中小企業が小さく、つまらないものであり、いつでも協力関係を変えられると考えることはできる。しかし、その小さくて些細な中小企業の生態系に吹くそよ風は、韓国経済全体を襲う「台風」や「津波」になりかねない。もしかしたら、韓国経済はこのような「バタフライ効果」を目の前にしているのかもしれない。

　もちろん、価格競争力に関して、政府あるいは協会が調停者として介入し、納品単価を調整することもよい代案になり得る。しかし、これは現実的に実践しにくい。このような現実をある程度認めた場合、利益が全く出なかったか、それとも通常の目標利益水準に納まってしまったか、このようにやむを得ない状況を除いて、認識を果敢に転換しなければならない。相当な超過利益が発生した場合、その中で一定の部分は協力中小企業に返すのが望ましい。ある研究によると、輸出大企業の超過利益の源泉は相当部分が「納品価格の引き下げ」にあるそうだ。誰かの譲歩と犠牲によって得た利益であるだけに、当初の目標よりも多くの利益が発生したならば、補償するのが常識ではないか。そのようにして、協力企業の長期的な成長基盤の強化に使った方が、価格競争力と関連した否定的な問題提起を無くし、大企業と中小企業が共存する可能性をさらに高めることができる。

　実際、「超過利益共有制」は名前に「制」という文字が入っているだけで、実際の内容には強制的な要素が一つもない。強制的にやらせて何かをしようとする時代はすでに終わっている。そのため、同伴成長委員会は、大企業の協力企業への支援活動を奨励するため、若干のインセンティブを導入しようとした。もちろん民間機関である同伴成長委員会としては、ただちょっとしたインセンティブだけ

を提案するしかない状況だった。超過利益の共有に積極的だと評価されている大企業の中には、政府の公共工事を受注する際、一定の加算点を与えて、より有利に進めることができる。まるで、寄付活動を奨励するため、寄付金に所得控除をし、税金を減らすのと似ている。寄付金に所得控除を導入するからといって、寄付活動を強制することにはならないだろう。超過利益共有制も同様に、結局はあなたの懐を満たしてくれた数多くの助力者の未来に自ら投資すべきだという一種の提案のようなものだ。それに加えて、利益をうまく共有すれば、国税庁や公正取引委員会に税務調査や公正取引関連調査の軽減を勧告することもできる。

　韓国の大企業と中小企業の間には、長い年月と共に累積されてきた顕著な力の格差が存在する。力の優劣が明らかな関係で公正な取引はほとんど不可能だった。言い換えれば、まだ韓国社会にはゴリアテとダビデが確かに存在するため、画期的な変化なしでは同伴成長という新しい発展モデルは定着しにくい。したがって、多少馴染みがなく難しいように見えても、今は何か特段の変化が必要な時だと思う。超過利益共有制は特段の変化を始めるための第一歩である。大企業自ら同伴成長の扉を開いて、新しい韓国を作ろうと言っているのだ。

　大企業各社が、同伴成長を実現させようという意志を持ち、自ら身を乗り出してくれるなら、願ってもないことでよろしい。しかし、彼らがやりたくないと言えば、変わることは何もない。大企業にいかなる制度的な不利益も生じないだろうが、この社会の根強い弊害も解決できない。韓国社会はがん細胞を治療しないまま、ただベッドに横になり、辛うじて生き延びるだけだ。

利益共有制のさまざまな形態

　企業間の利益共有制を実行する具体的な方法として、販売収入共有制、純利益共有制、目標超過利益共有制がある。まず「販売収入共有制」は協力企業間で販売収入を共有するもので、利益共有とリスク共有 (Risk Sharing) の水準が最も高い実行モデルである。米国では放送局とスポーツリーグ間の契約、ビデオ供給者とレンタル会社間の契約、そしてインターネットマーケティング事業などで利用されている。英国のロールス・ロイス社の利益共有制もこれに属する。

　利益共有とリスク共有の水準が次に高いのが「純利益共有制」である。同制度では、総収入から総費用を差し引いた純利益を、協力企業同士で共有する。米国ではハリウッド映画産業とファーストフード加盟事業において、オーストラリア、ニュージーランド、オランダにおいては社会間接資本 (Social Overhead Capital、SOC)、建設事業と国際航空会社間の戦略的提携協約において利用されている。

　三つ目のモデルである「目標超過利益共有制」は、前述した販売収入共有制や純利益共有制より利益共有とリスク共有の水準が低い制度で、大企業と協力企業が年初に目標利益を設定し、これを超過する利益だけを配分することをいう。米国のクライスラー社とキャリア社 (エアコンメーカー) が顧客サービス、品質、原価の目標を定め、目標超過分に対しては協力会社にボーナスを支給する収益共有計画 (Gain Sharing Plan、GSP) がその一例だ。もともといくら稼がなければならないということよりも、もっと稼いだものを分けるのだから企業としては決して「損害」にはなり得ない。利益共有制のこのような具体的な実行モデルは、それぞれ長所と短所がある。販売収入共有制は、協力企業のリスク負担が大きいだけに、利益配分の分け前も大きい。しかし、目標超過利益共有制は協力企業

のリスク負担が小さく、利益配分の分け前も小さい方だ。それぞれの長所と短所が明らかなだけに、特定産業、事業の特性、協力企業の力量などを考慮して、最も適切な実行モデルを選択して利用することができる。そして、具体的な実行モデルも強制するのではなく、適切なインセンティブを提供して企業が自発的に施行するよう誘導、推奨することが望ましい。

超過利益共有制が共産主義的発想だと

「社会主義の用語なのか共産主義の用語なのか……、聞いたこと
もなく、経済学の本から学んだこともない言葉だ。」

　同伴成長委員会が超過利益共有制を提案するや否や、韓国の代
表的な財閥の総帥がテレビとのインタビューで激昂した表情で話し
た言葉である。彼の露骨な不満の表明以後、少しずつではあるが辛
うじて進められてきた財閥代表らとの意見の調整は、事実上不可能
になってしまった。同時に当時の与党だったハンナラ党（今の国民
の力党）の主要役員の一人は、超過利益共有制を「急進左派的発想」
とし、公開的に批判した。財界の反発はある程度予想していた。し
かし、ありもしない強制性を取り上げ、「反市場的」だとか「左派」
云々して過敏に反応したことは、悪乗りが過ぎている。

　反発が激しいからといって失望したり諦めることはない。資本
主義の発達過程で起きた多くの新しい変化も最初は大きな抵抗と混
乱の中から始まったではないか。米国に反独占法が初めて導入され
た時も、反市場的だの、社会主義的だのという赤狩りのような誹謗

中傷を受けていた。今ではとうてい許されないほどまで罵倒された。過去の大恐慌危機で米国を回生させたルーズベルト大統領も、米国の大企業から「共産主義者」と非難された。国家が市場経済に積極的に介入する「ニューディール政策」を展開すると、米国の大企業が強く反発した。

　放任主義を最高の美徳と考えていた米国の大企業は、国家が市場に介入すると非難した。しかし、あの時ニューディール政策を実施しなかったなら、米国は世界一の経済大国ではなく、ただ北米大陸の一国家として残っただろう。ケインズでさえ大恐慌の際、共産主義者、反市場主義者であると非難されたことがある。ルーズベルトが政府の積極的な市場介入を語った理論的な背景がケインズの学説だったからだ。

　ルーズベルト大統領が主導したニューディール政策は、資本主義の流れそのものを変えた、壮大で歴史的な事件だった。そのため、拒否感もそれだけ大きかっただろう。それに比べれば、超過利益共有制は、本当に小さな政策ではないか。たったこれぐらいの政策に対して、韓国の代表的な大企業のトップが「共産主義」という過激な言葉を使い国民の前で公然と非難した。長年独占してきた超過利益のうち、たとえ一銭でも協力中小企業と分け合いたくないという彼の反対意見を聞いてみると、この数十年間、大企業と中小企業の経済的生態系がどうして改善されなかったのか、想像に余るものがあった。

　同伴成長委員会が超過利益共有制を提案すれば、皆から拍手を受けるだろうという期待は、最初から持ち合わせていなかった。しかし、財界・政界・学界の多くの人々が反旗を翻したことには衝撃を受けた。同伴成長への必要性を十分認めながらも、超過利益共有制は適用しないという。果たして彼らが描いている同伴成長は具体的にどのような姿なのか聞きたかった。超過利益共有制は、「お前

らが多く稼いだから、より多く分配しろ」という単純な概念ではない。「あなたたちはお金持ちだから貧しい中小企業に施せ」という恩恵のレベルでもない。大きな利益を出すことに協力企業の役割が大きかったら、それに見合う対価を返せということだ。それは「自分の分け前のパンを他人に分けよう」というものでもない。また小さなパンくずを出して、それをきれいにラッピングして、美しい共生を訴えることとも全然ちがう。懸命に働いた代価を公正に返すことで、共に発展できる土台を築こうということだ。

　いくらよいものでも目新しいものは不慣れになりやすい。不慣れなものが不自然でぎこちないからといって、それを直ちに悪い、正しくないと罵倒してはならない。

　「鳥は卵の中から抜け出ようともがく。卵は世界だ。生まれようと欲する者は、一つの世界を破壊しなければならない」

　ヘルマン・ヘッセの小説『デミアン』のフレーズは、見慣れたものとの果敢な別れを意味する。慣れ親しむことは安住することを意味する。卵の外の世界にこそ、真に鳥が飛ぶことができる自由な世界だ。新しいもの、不慣れなものに恐れを抱いても、果敢に受け入れなければならない。それが革新であり未来だと、私は思う。

　超過利益共有や協力利益配分を巡り、「類例のない制度だ」と主張する人たちがいる。しかし、我々が今は慣れ親しんでいる「ストックオプション」の用語を聞き始めたのは果たしていつからなのか。この制度も同じく資本主義が発展していく過程で資本より人間の重要性がますます大きくなり、役員の自発的な参加がより重要であるという認識から始まった。そして、企業が株主の利益と役職員の利益が相反するのではなく、共に追求できることを知って導入したものである。それにもかかわらず、この用語は韓国社会で本格的に登場した 1999 年までも「類例がなく、聞いたこともない」ものだった。

同伴成長は共に進む道だけが遠くへ行けるという信念から始めなければならない。したがって、我々には過去の発展の仕組みを乗り越える新たな発展の哲学が求められる。今こそ卵を孵す時である。卵を割ることができなければ、新しい生命は飛ぶどころか卵の中で死を迎えるしかない。これまで韓国の経済と社会の発展を引っ張ってきたやり方を今変えなければ、これからチャンスはこないかもしれない。変化の時代にただ待つことは、淘汰の別の言葉、同義語だからだ。切迫した今の時代、真の変化のためには、何か革新的な努力と画期的な突破口が必要だ。にもかかわらず、今の韓国の状況で、同伴成長はただ一回やってみればいいことだったり、多少手間はかかるが、協力してうまく推進すれば達成可能なイベント程度に考えたりと、気楽なものとして考える場合が多い。

　しかし、韓国社会において同伴成長は最早やればよし、なければ仕方無しの選択の領域ではない。この社会が直面している危機を正確に認知すれば、数多くの国民が直面している切迫した現実を正しく見続けていれば、同伴成長は決して選択ではなく必須であることがよくわかるだろう。

小銭まで手に入れようとして、貪小失大 [7] する財閥

「大きな富を持った人ほど、それを可能にした社会に責任を感じるべきだ。」

「世界の富豪たちには富を社会に還元する責任がある。」

マイクロソフト社の創業者、ビル・ゲイツ氏の言葉だ。彼は「創

---

7) どんしょうしつだい、小を貪りて大を失う。小さな利益を得ようとしたために、大きな利益を得られなくなること。

造的資本主義 (Creative Capitalism)」を掲げている。貧しい人々が必要とする商品の価格が高ければ、企業は価格帯の低い商品を開発し、販売しなければならないということだ。同氏は、企業が存在できるのは、人々が製品を買ってくれるからであり、当然、企業も社会に自分たちの利益を還元せよと注文する。そうしてこそ、企業の持続可能な経営も保障されると強調する。彼は自ら提唱した「創造的資本主義」を「よき資本主義」と呼んだ。

　私はビル・ゲイツ氏の主張に接して、韓国の企業家と裕福な人たちを思い浮かべた。この韓国社会の富豪たちはどうか。模範的な行為で変化を主導するよりも、変化を望む多くの人々の声に目を瞑り、耳を塞いでいる。その上、変化の声を公然と非難さえしている。

　超過利益共有制について「共産主義」と公に非難する韓国財閥の総帥の言葉どおりなら、米国の新興富裕層に富の相当部分を社会に返そうと言ったビル・ゲイツ氏は、共産主義者の首領ではないか。

　実際、超過利益共有制は、他ならぬ同氏が率いる財閥系大企業の経営手法からアイデアを得たものだったため、あきれて開いた口が塞がらなかった。その企業では、年初予想を上回る利益を寄与度に応じて役員に分配する制度を以前から運用していた。同伴成長委員会が提案した超過利益共有制は、その財閥企業の役員や社員の利益共有制を協力会社に拡大しようということだけだった。

　もちろん結果的には彼の「共産主義」云々という反発のおかげで「超過利益共有制」と「同伴成長」が韓国の国民の間で広く知られるようになった。その財閥の総帥自らが同伴成長の対国民広報に誰よりも大きく貢献したわけだ。

　超過利益共有制により大騒ぎになってからほぼ 2 年が過ぎた 2013 年頃、与野党を問わず韓国政界は超過利益共有制のような小さなイシューを遥かに越えるメガトン級のイシュー、すなわち財閥

改革関連法案として新規の循環出資[8]を禁ずる内容の公正取引法の改正案が国会で可決された。これは韓国の財閥の支配構造の根幹を変えようとする法案である。察するに、これからどの政権に変わってもこれまでのような形の財閥体制が温存されるとはとても言えない。

　私が同伴成長委員会の委員長として超過利益共有制や中小企業適合業種の選定といった課題を投げかけたのは、今のように政界が財閥に対してメスを入れなければならない状況になる前に、大企業自ら中小企業と共に自主的に問題解決に乗り出すべきだという勧告だった。私はむしろ財閥が自ら手をあげて、同伴成長の先頭に立つことを望んだ。さもなければ、これから本当に恐ろしい国民の抵抗を受けるだろうと警告もした。

　超過利益共有制が初めて韓国社会に出た時、もし財閥がその提案を果敢に受け入れていたら、財閥に対するの国民の感情がここまで悪くなることはなかっただろう。もし、協力中小企業に対し、正当な分け前を返そうという同伴成長委員会の提案を受け入れ、「納入単価の引き下げ（下請代金の減額）」という古くからの慣行を根絶すると宣言し、一つ一つ実行していたら、今頃、財閥系大企業各社は多くの国民から大きな拍手を受けていただろう。中小企業適合業種に選定される分野にも、これ以上は進出しないという決意を示し、中小企業から技術や人材を奪うようなことは、これ以上しないと約束していたら、果たしてどうだったのだろうか。その約束を実践し始めていれば、韓国国民は財閥体制の根幹を揺るがす主張に賛成しなかったかもしれない。

---

8) 循環出資、主要な系列企業が順繰りに株式を持つ韓国財閥の特異な資本構造。Ｋ社がＮ社の持分を確保して支配株主になり、Ｎ社は同じ方式でＤ社に出資し、Ｄ社は再びＫ社に出資する方式で系列会社の支配力を確保する変則的出資方式。極端な場合、財閥総師はＫ社の経営権さえ確保すれば追加資本なしで系列会社全体を支配できることになる。

同伴成長に協力し、協力中小企業の経営を強化させて、中小企業の雇用を良質な雇用へと変えていくことに貢献していれば、韓国社会の将来は明るかったろう。その結果、世帯所得が増え、経済の好循環が始まり、雇用が増えるようになっていたら、財閥は改革の対象ではなく、経済と社会発展の立役者として人々に認められていただろう。そして財閥系大企業は、国民から信頼と愛と尊敬を集める存在として生まれ変わっていたはずだ。しかし、今実際には何が起こっているのか。財閥が経済民主化の対象になって、政界と国民の抵抗を受けているではないか。これは結局、財閥が自ら招いたことだ。財閥の貪小失大と言わざるを得ない。長期的なグローバルトレンドどころか、1、2年後の韓国社会の流れすら見通せない彼らの近視眼的な見解には、息苦しさともどかしさを感じる。

アップルとトヨタの食い違った運命

　目の見えない人が提灯を持って真っ暗な山道を歩いていた。何も見えない人になぜ提灯が必要なのか首をかしげるとその人は答えた。

　「明かりを灯してこそ、相手が私を見て避けることができます。」

　彼は明かりを灯すことで、真っ暗な山道を歩く別の通行人たちに道を示す善行を施した。そして真っ暗な山道で、すれ違う人とぶつからないことで自分の安全を確保できるというより大きな利益を得た。目の見えない人にとって提灯は相手のためでもあるが、最終的には自分自身のためでもある。

　同伴成長も一緒だ。一見すると他人のためにしているように見えるが、実は自分のためだ。相手を配慮して利することで、結局は自分も利益を得ることになるからだ。大企業が協力中小企業と対等で公正な取引関係を維持すれば、モチベーションとなってよりよい製品を生産できるのはもちろん、技術開発などを通じた積極的な支援も期待できる。仏教には「自利利他」[9] という言葉があるが、私と

---

9) 自利利他。自らの悟りのために修行し努力することと、他の人の救済のために尽くすこと。他人の幸せ・他人の利益のために修行・努力することが、自らの利益にかなう。

しては他人を利することで結局は自分が伴に利益を得る「利他自利」
がまさに同伴成長を通じて得られる効果だと思われる。

　大企業と協力中小企業において、交渉力の格差と不公正な取引
の慣行から派生する不均衡を現実的に、そして短期間に是正できる
手段が、同伴成長委員会が提案した「利益共有制」だ。それだけで
はない。大企業と協力中小企業との運命共同体的な関係が次第に強
化されていることを考慮すれば、利益共有制は非常に有効な同伴成
長の手段になるだろうと思われる。特に、大企業と協力企業が共同
で生み出した利益をその貢献度によって公正に配分することで、協
力企業の自発的な技術開発を誘導することができる。その結果、利
益も最大化され、大企業と協力企業がより多くの革新利益を得るこ
とができる。

　「利益共有制」を広く定義すれば、2人以上の協力参加者が共同
で作り出した利益を、その貢献度によって参加者に適切に配分して
インセンティブを提供し、共同利益を最大化する制度である。企業
内部の利益共有制は、役員や社員らに対するボーナスやストックオ
プションなどの形で、すでに広く実施されている。そして、異なる
協力企業間の利益共有制も、海外ではすでに昔から実施されている。
誰かの言葉のように「聞いたことも見たこともない」制度ではない。

　歴史的に見ると、利益共有制は1920年代、米ハリウッド映画産
業の胎動期に初めて登場して以来、映画俳優、製作会社、配給会社
の間に協力を促進した。そして現在までハリウッド映画産業の競争
力を支えてきた。その後、米国、英国、オーストラリア、ニュージー
ランド、オランダなどで、製造業、建設業、流通サービス業、イン
ターネット事業、フランチャイズ事業など、さまざまな産業の企業
間協力事業に広く活用されている。

　これらの国で利益共有制を実施する理由は簡単だ。共同で生み

出した利益を寄与度によって公正に配分することで、参加者たちの自発的な努力動機を誘発することができる。その結果、利益も最大化できるという。利益共有制は、決まったパイを一方から奪って、他方に持っていく「ゼロサムゲーム」とは全くちがう。パイを分ける割合を決め、お互いに協力して努力することで、パイ自体をさらに大きくする。そして、そのように大きくなったパイを最初に決めた割合通りに公正に分けて、結果的におのおのの参加者が食べるパイの大きさもそれぞれもっと大きくなるのだ。私たちがよく知っているウィンウィン (win-win) の一種と言える。

利益共有制でウィンウィンするアップル

インターネットの世界が開かれて以降、スマートフォンを初めとするデジタル機器は私たちの日常をすっかり変えてしまった。企業も例外ではない。わずか 10 年余りの間に、すべてを変えなければ生き残れない変化を乗り越え、それこそ革新の時代を迎えることになった。しかも、このような急激な変化は遠い国の話ではない。この新しいパラダイムを切り開いたアップルのおかげで、韓国経済がどれほど大騒ぎしたことか。

もちろん、2012 年のサムスン電子とアップルの訴訟戦争や閉鎖的な企業文化など、アップルを批判する声があったのは確かだが、アップルが追求する企業生態系をきちんと覗いてみれば、なぜアップルがここ 10 年あまりでグローバルトップ企業に躍り出ることができたのかがよくわかる。それは他でもなく「共生のビジネス生態系」を構築したお陰だった。

アップルが発売した 2001 年のアイポッド (iPod) や 2007 年のアイフォーン (iPhone) は革新の象徴だった。アップルは、革新を

象徴する固有名詞のように使われるほど、市場の勢力図を揺るがしている。世界の電子製品メーカー各社は、アップルの相次ぐ攻勢に、我を忘れてしばらくの間為す術もなく一方的にやられていた。2000年代の一時期、世界のMP3プレーヤー市場を掌握した韓国のアイリバー (IRIVER) も、アップルのアイポッドという強力な直撃弾を受け、市場をほとんど奪われてしまった。アイフォーンの登場はグローバル企業と自負してきたサムスン電子にとっては大きな挑戦だった。なぜアップルはこのような事を短期間で起こすことができたか。

　その理由として、スティーブ・ジョブズの天才性や企業の革新的力量を挙げる人たちが多い。ところが彼らの天才性と革新的な力量が輝いたのは製品技術力ではなかった。ご存じのようにアイフォンに導入された技術はそれほど新しいものではなかった。既存の技術を新たに組み合わせてユーザーが満足できるようにしただけである。オリジナルな技術力だけを見れば、韓国企業はアップルに劣らない。つまりアップルの勝利はソフトウェアの勝利だった。そしてそのソフトウェアの勝利はアップルが作ったビジネス生態系があったから可能だった。

　アップルはコンピューター業界でも主導的な役割を果たせなかった。ただ一部のマニアだけが好きになって買い求めたり、グラフィック関連の専門的なクリエーターが選択する機種を作り出したりするのが全てだった。しかし、一度アップルから追い出されて再び戻ってきたスティーブ・ジョブズは、アップルの製品をマニアだけの商品ではなく、世界でよく目にする革新のアイコンに変えた。それが可能だったのは、革新的なアイデアと共に、アプリストアの登場のお陰だった。アイフォーンに使われるアプリケーションが取引されるアプリケーションストアで、商品を売るために入店した個人や企業は当然その収益を収める。ところが収益の配分率がアップ

ルが 30%、アプリケーション制作者は 70% である。

　アップルの製品を多く売れば売るほど、アプリケーション製作者も多くのお金を稼ぐことができるビジネス生態系は、利益共有制のモデルだ。アップルがやっているのは、アップルストアという市場を公正に管理することで開発者、アップル、そしてユーザーまで損害を被らないように見守ることだ。ある意味、アップルは何もせずにお金を稼いでいるから、朝鮮後期の伝説的な詐欺師、鳳伊金先達 (キム・ソンダル) [10] が連想されるという話もあった。しかし、このような利益共有制のアイデアを出したのなら、彼らの収益は十分に認められるべきではないだろうか。

　利益共有制は、企業と企業間のモデルにとどまらない。企業と社会の共生のためのモデルとしても注目されている。事実、企業と企業間の生態系に劣らず企業と社会の生態系も重要である。社会が崩壊すれば、企業は市場を失うためだ。そして、ハーバード大学のマイケル・ポーター教授は次のように言う。

　「これからは企業の社会的責任、すなわち CSR(Corporate Social Responsibility) ではなく、共有価値の創出、すなわち CSV(Creating Shared Value) である。」

　彼は『ハーバードビジネスレビュー (Harvard Business Review)』に掲載した「共有価値創出 (Creating Shared Value)」という論文を通じて、私たちが資本主義、市場、企業の価値連鎖 (Value Chain) に対する狭い視野に閉じ込められていると指摘した。氏は、「企業の利益や社会的利益が相反する状況で、両者を巡り対立していた構図は終わった」と主張した。技術発達と新しい革新を通じて企業が

---

10) 鳳伊 (ボンイ)、金先達 (キム・ソンダル)。朝鮮後期の伝説的な詐欺師。韓国の説話や伝説によく登場する。平壌 (ピョンヤン) を流れる大同江 (テドンガン) の水を売った話は有名である。

利益を追求しながらも社会的共有価値を創造する好循環が可能になる。実際、そのような事例が多く発生しているという。

　世界的な食品会社のネスレ (Nestlé S.A.) は「ネスプレッソ (NE-SPRESSO)」というカプセル式プレミアムコーヒー事業を推進するために良質のコーヒー豆を安定的に確保しなければならなかった。しかし、アフリカと南米地域の零細な生産農家は生産性が低く、品質の高いコーヒー豆を安定的に供給することが難しい。こうした問題を解決するため、ネスレは生産農家が高い生産性を維持できるよう積極的な支援政策を展開した。生産農家への金融支援、安定的な購買契約はもちろん、その地域に必要な設備・技術・流通などさまざまな要素を取り入れていった。この過程で NGO(Non-Governmental Organizations、非政府組織) が、教育と品質認証に一緒に参加する場合もあった。

＜ネスカフェ・プラン (Nescafe "Grown Respectfully") ＞ [11)]

---

11) ネスカフェ・プラン。ネスレが提唱する「共有価値の創造」を、コーヒー豆の栽培から創造、流通、消費といったすべての工程を通じて、実践すること。

このような社会的共有価値を創造するために、企業のリーダーや管理者は社会的要求を読み取り、深く理解しなければならない。また、企業生産性の本当の土台が何なのかに対するより長期的な視点が必要だ。これと共に、企業の内外、営利領域と非営利領域を行き来する協力を実現できる能力を培わなければならない。このような企業の努力は何か道徳的な義務を遂行するものではない。先に述べたように、企業が存在するためには市場がなければならない。市場を構成するのは、社会共同体の構成員である市民である。彼らの人生が崩壊すれば、市場も崩壊するだけでなく、企業の存在すら保障できなくなる。利益共有制は、企業が何かを施すのではなく、己れの生存のための土台作りでもある。

協力会社のコスト削減で危機に直面したトヨタ

　トヨタの墜落は劇的だった。一時代を風靡した日本経済の後退を象徴する場面でもあった。2009 年 8 月にトヨタの隠された素顔が白日の下に晒された。米国のある一家がトヨタのレクサスに乗っている途中で事故に遭った。その時、ドライバーはアクセルを踏んでいなかったが、自動車は時速 200 キロに近い速度で走った。ドライバーを含む家族 4 人は恐怖に震え、ついに全員命を失ってしまった。

　全世界では一日に数え切れないほどの交通事故が起きている。しかし、この事故がもたらした波紋は実に大きかった。当時、ドライバーが死ぬ直前まで 911 と電話をしていた内容が世間に公開された。つまり、運転手のミスではなく、車の欠陥という事実が明らかになったため、レクサスを作ったトヨタは、一瞬にして不良自動

車を作り出す不道徳な企業というレッテルを貼られてしまった。トヨタはこの事故が公開された当初から責任逃れをしようとし、急加速の問題を単に運転席のマットの問題であると結論づけようとした。マットがアクセルペダルを押したためにそうなったのだとごまかそうとした。しかし、米国の交通安全当局が調査した結果が発表されると、トヨタに弁解の余地は消えた。明白な加速ペダルの問題として判明された。トヨタは自らのミスを認めず、事件をもみ消そうとする不道徳さを見せ、多くの非難を浴びて、結局、大量リコール事態を避けられなくなった。しかし、その後の調査でこの事態は、偶然に「不良」が発生したのではなく、いつかは起こるべくして起こった惨事だということが明らかになった。トヨタの「品質経営」の神話の裏に隠された「不都合な真実」は世界の人々を驚かせ、なぜ共生しなければならないのかを考えさせられた。

　トヨタは「ムダの徹底的排除と自動化」「JIT(Just in Time、適時生産)システム」「自ら標準を確立する現場主義」「社会的責任意識の強調」などを掲げ、世界最高の経営モデルとして注目を集めていた。しかし、そのすべての内容は空っぽで言葉だけが残っていたという事実が満天下に知らしめることになった。大量リコール騒動の後、覗き込んでみたトヨタの内部には、コスト削減のためなら人間の魂まで売るという浅はかな商人の姿が隠れていた。

　トヨタを告発した『トヨタの闇』(渡邉正裕・林克明、ビジネス社、2007) という本を見ると、トヨタは協力企業から「地獄」「自動車絶望工場」と呼ばれていたらしい。代表的な事例として「JIT システム」は必要な部品を必要な時点に生産ラインに投入する方式である。これが協力会社をいじめるも同然だったという。そして、他のライバル会社を引き離すために原価競争力を戦略に採択して部品単価を下げたが、その負担をそのまま協力会社に転嫁したともいわれている。

納品単価の 30% 引き下げを要求し、これを受け入れなければ国外の現地の部品会社から価格の安い部品を調達してきたらしい。この過程で部品の品質は価格に押されて考慮の対象ではなかった。口先では「品質経営」と言いながら、実際は品質は後回しにし、協力会社を脅かしてきた。その結果、加速ペダルの不良は、すでに予告されていた惨事に他ならなかった。2005 年から 2006 年まで販売された約 512 万台の自動車のうち、なんと 511 万台もリコールしたというから、欠陥率がなんと 99% を超えていた。

　自動車の代名詞である GM の動きも尋常ではなかった。GM は相次いだ後発企業の攻勢とグローバル経済危機で深刻な打撃を受けていた。ところが GM は、信頼できるいい自動車を作るより、市場で最も安い自動車を作ることに力を注ぎはじめた。そして彼らが集中したのは金融部門のビジネスだった。GM も、自動車完成に必要な生態系を造成するより、今すぐ金になることに飛び付いた。当然、あちらこちらで「自動車の品質が以前よりよくない」という話が出ており、協力会社も厳しいという話が漏れている。

　2 万 5 千個以上の部品の納品を受けなければ組み立てられない自動車は、協力会社との共存が最大の課題と言える。その部品の中で一つでも不良があれば、ドライバーと搭乗者の命が脅かされかねないので、協力会社の品質の完成度は完璧に近くなければならない。いや、完璧でなければならない。そのためには、協力会社が部品の品質のため、技術開発や設備投資を持続的に行わなければならない。しかし、納品単価を引き下げるだけでは、そのような余力は生じない。結局、協力会社も悪魔の囁きに泣く泣く屈服せざるを得ない。そのような行動は犯罪だ。しかし、協力会社は共犯ではなく被害者だ。主犯は別にいるのに、全ての責任を協力会社のずさんさと決め付けるのは、恥ずべきことではないか。

トヨタはコスト削減よりも、トヨタを中心に形成された協力企業の生態系が崩れないように、頑丈に作り替えることに力を入れるべきだった。生態系が破壊されれば、最も力の強い生き物でも生きられない。恐竜が絶滅したのも単に隕石と衝突したからではない。地球を支配していた数多くの恐竜が、みんな隕石とその破片に当たったはずがないじゃないか。隕石の衝突でおびただしいほこりが発生して日差しを防いでしまい、生態系が破壊された。その結果、隕石衝突を避けることができた巨大恐竜も結局、生き残ることができなかった。企業の生態系も一緒である。大企業が巨大恐竜のように大きく、いつも危機を避け、またいくらでも代替する協力会社が探せると思うのは錯覚だ。生態系を自ら破壊する恐竜の陰に誰が入ろうとするだろうか。

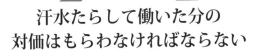

汗水たらして働いた分の
対価はもらわなければならない

　インターネット検索会社のグーグルは 2015 年アメリカの多国籍コングロマリットのアルファベットに改編された。アルファベットの時価総額は、2021 年 11 月基準、2 兆ドル (日本円で約 226 兆円) を越えている。たかがインターネットの検索エンジンを中心とする巨大企業としては途轍もない価値だ。韓国の財界 1 位を占める財閥グループは、すべての系列会社を集めてもこれに遠く及ばない。グーグルの成功の秘訣は一体何だろうか。

　もし、グーグルが韓国の企業だったら、インターネット分野ではひたすらグーグルの旗だけが見えていたかもしれない。しかし、グーグルは肉食恐竜のようにむやみに食べず、共生の企業生態系を作った。グーグルは、全てのことを自分でやると飛びかかるのではなく、革新的なアイデアを持っている企業各社との共栄を選んだ。グローバル経済危機でも、米国のシリコンバレーが世界最高の IT のゆりかごとして認められているのも同じ理由からだ。グーグルだけでなく、フェイスブックやアップル、アマゾンなどの革新的な企

業は、生態系を作り、共に成長することを願っている。

　ところで、韓国の財閥はどうだろう。一言でいえば、彼らは今、大きな錯覚に陥っている。今まで彼らが成し遂げたことは全て自分たちのお陰だった。それについて誰かがどうこう言うことに対し「私のものを欲しがる泥棒根性だ」と言って、けしかけている。しかし、彼らの豪華絢爛な蔵や、その中に収まっている金銀財宝は、決して彼らの力だけで作り上げたものではない。多くの人の汗と涙がその中に溶け込んでいる。さらに、人々が望むことは、彼らの蔵を開けて私たちと分け合おうということではない。ただ、私たちが汗水たらして働いた分だけは正当な対価をくれということだ。

　このような要求は驚天動地の革命を起こしたいというものではない。「働いた分だけ正当に扱われる」というのは経済の基本であり社会の常識だ。この基本と常識が崩れれば、そうするな、と言ってあげなければならない。ところがこれを「規制」とし、企業と市場の自由を侵害すると不平を漏らす。一体、彼らの自由は誰のための、何のための自由なのか。私をはじめとする大多数の国民にとって、その自由は貪欲の自由、はばかりなく暴れまわっている放縦にすぎない。

　実際、同伴成長を実現するために具体的に何をどのようにすべきかについて、複数の中小企業関係者に聞いたところ、彼らは口をそろえて「必要なのはたった一つ、汗水たらして働いた分だけ受け取ること」と話す。このような彼らの素朴な望みに対して、誰が他人のものを欲しがる泥棒根性だと罵倒することができようか。

　汗水たらして働いた分だけ正当な対価をもらうことは、資本主義社会で基本中の基本だ。それにもかかわらず誰かの切なる願いになってしまったのは、この社会が基本さえまともに守ることができないからだ。基本が守られる社会、すなわち汗を流して働いただけ

正当な代価を受ける社会になるためには、原材料価格の引き上げが納品価格に合理的に反映されなければならない。また、取引関係を安定化するなど、大企業と協力中小企業の取引契約関係を改善することに、より一層の努力を傾けなければならない。そのため、財閥、大企業がまず認識を変えなければならない。しかし、それがあまりにも遅く、変化が全然見えない場合は、政府が乗り出してでも、政策指導、制度改善、管理監督をしなければならない。

不公正な垂直関係を合理的な水平関係に

「私はあなたができないことができる。あなたは私ができないことができる。だからこそ、私たちは一緒に大きなことができる。」

大企業と中小企業間の協力関係を見ると、マザー・テレサの言葉が思い浮かんでくる。特に韓国の大企業と中小企業間の協力事業は、かつての加工組立産業の低リスク・低付加価値の製造分野から、今日では製品企画／研究開発、製品開発／ブランディング、マーケティング、ASのような高付加価値・高リスクの事業分野へと拡大しており、ますます「一緒に大きな仕事ができる」ようになった。このような中で、大企業と協力企業は、一つの運命共同体のように徐々に密接につながっている。まるで、自動車の胴体が大企業なら、エンジン、タイヤ、ギア、ハンドル、ブレーキのような主要部分が、協力会社であるわけだ。

このように運命共同体の側面が強化されているが、大企業の中小企業に対する絶対的な優越的地位、韓国的に言い換えれば大企業と中小企業間の垂直的な甲乙関係 [12] は、なかなか解決できない。日

---

12) 甲乙関係。親事業者が下請事業者に対して優越的地位を取る関係。契約書を作成する時、親事業者が「甲」、下請事業者が「乙」と略称されることから言われ始めた。

本の場合、親事業者の下請事業者に対する優越的地位の濫用行為を規制する下請法があって現状は韓国と似ているかもしれないが、全世界で大企業と協力中小企業の関係が韓国のように垂直的甲乙関係にある国も珍しい。こうした垂直的甲乙関係が最もよく表れているものの一つが「コスト削減の要求」だ。すでに言っているが、韓国企業の長年の習性の一つが、とりあえず価格優位を確保した後、品質を高めようとすることだ。世界的な超優良企業と比較すると、韓国の大企業は革新的な力量に欠けているため、結局「価格」に集中せざるを得なかった。

このような過程で、協力企業の各社は、過酷なコスト削減を耐えるように、公然と要求されてきた。甚だしくは原材料価格が引き上げられても依然として納品価格は固定されているのが韓国の現実だ。原材料価格が上昇したのだから納品価格を上げてほしいと要求すれば、「たわごと」と無視されてしまう。価格だけが競争力なので、協力会社の納品価格を引き上げれば、その分だけ世界市場で競争力を失うことになるという、一次元的な計算法が適用されていた。

大企業は過去の高付加価値の製造段階にでも似合いそうなコスト削減の慣行をやめていない。その結果、大企業と中小製造企業間の収益性の格差がさらに拡大するだけでなく、中小企業は存続まで心配しなければならない危機に直面している。大企業が協力会社の助力で懐を肥やす間、協力中小企業は腹を空かすしかない構造だ。

このような問題が生じる最も大きな理由は、大企業が優越的地位を利用して「需要独占者」となり、納品価格をできるだけ低く決定できるためだ。韓国では、納入単価を決定する際に、協力企業の利益は原価の一定割合で決められ、契約期間中に単価は原価に連動して変更される原価連動価格方式 (Cost-Plus Pricing) を主に採用している。この方法によると、中小協力会社はほぼ固定された基本利

益だけを得て、大企業は市場の不確実性とリスクを負担する代わりに革新利益を得ることになる。しかも、納品単価の引き下げが業界の慣行になってから、協力企業は基本利益を得ることさえも難しくなった。

　このような納品単価の決定と利益配分制度で、協力事業が成功すれば、大企業は大きな利益を得る。しかし、中小企業は基本利益を得るだけだ。つまり、協力企業が素晴らしいタイヤを開発し、自動車が飛ぶように売れても、開発費用は回収できても、革新利益は十分に補償されない。状況がこのようだから、中小協力企業の立場では技術開発や品質改善の動機が減り、技術革新も難しくなるしかない。したがって、不公正で垂直的な下請け関係を水平的な下請け関係、合理的な契約関係に転換し、大企業と協力中小企業が公正に競争して取引できる環境と規則を確立することが、正しい同伴成長社会を作るための最も根本的な課題だと言える。

まず「経済民主化」の概念を整理しよう

　一部では、同伴成長の問題を大企業のせいにしており、そのため、逆に中小企業の自助自立の努力を弱めているという指摘がある。勿論、そのような側面が全くないとは言い切れないかもしれない。しかし、我々は問題をある一面だけを見るのではなく、立体的に見る必要がある。そもそも、同伴成長が中小企業の自助自立への努力を弱めるだろうという主張は、現実において韓国の大企業と協力中小企業との垂直的関係の弊害をきちんと把握していないことから出ていると思う。

　中小企業の自助自立は、市場の公正性が確立した後にこそ期待できるものである。他に選択の余地がない状況で、中小企業はいやで

も仕方なく不合理な取引を続けるしかない。そうしてこそ、やっと糊口を凌ぐことができるからだ。正義は大げさで抽象的な名分だけで語るものではない。まず公正な規則から作ることが正義の実現だ。

2022年の今なお、韓国社会は「経済民主化」に対する熱望が高い。与野党を問わず政界はもちろん、全国民が経済民主化の実現を待ち望んでいる。経済民主化で要求するのは、財閥にあなたのものを出せということではない。規定を公正にし、お願いだから守ってほしいということだ。ところが、未だに経済民主化をめぐって突拍子もない話をしている。そのため、経済民主化を実現するには、まずその意味から正しく確立する必要がある。

韓国の政界の「経済民主化」の論議をよく見ると、与野党が含んでいる内容が異なることが確認できる。韓国憲法第119条に経済民主化の内容が盛り込まれていると一般的に言われるが、具体的に「経済民主化社会とはどんな姿か」については全く触れていない。その結果、与野党や政治家は一様に「経済民主化」を口にしているが、政策の方向性はかなり異なって現れている。その理由は、「経済民主化」について認め合う共通概念が正しく整理されていないからである。

私は1990年、同僚の経済学者と共に書いた『試される韓国経済』という本の中で、「経済民主化とは市場で経済活動をする企業、労働者、消費者が対等な関係になる社会」と説明した。すなわち、大企業や中小企業はもちろん、労働者や消費者まで従来の垂直関係から脱して水平関係に新しく関係が築かれる時、それがすなわち経済民主化である。

対等な関係が形成された社会とは、人々の経済活動の過程で選択の自由がある社会を意味する。例えば、労働者が仕事を見つける際、企業との関係で対等な関係になるということは、いくつかの前提条件が必要である。まず、労働者は企業が提示する労働条件が合

わなければそれを拒否して他の職場を探せるほどよい働き口が持続的に創出されなければならない。そして、いい働き口が見つかるまで、生計の心配をしないように福祉制度が整備されていなければならない。また、他の仕事に移る時、必要な新しい技術を身につける機会を与えなければならない。

このような社会になって初めて、労働者は企業と対等な関係になり、企業が悪い労働条件を提示すれば拒否し、新しい働き口を見つけることができる。当然、企業は労働者が働きやすい職場を作るために最善の努力を尽くすしかない。もし、良質の働き口が不足したり、今すぐ働かなければ生計を心配しなければならない社会なら、労働者は企業が提示する労働条件が悪くても就職するしかない。中小企業と大企業の関係でも同じだ。大企業が提示する条件が気に入らなくても、直ちに生存問題がかかっているため、契約を拒否することはできない。このような現実が改善されない限り、大企業と協力中小企業の対等な関係は前途遼遠と言わざるを得ない。

経済民主化した社会とは、基本的に良質の雇用が多い、すなわち、中小企業が強い社会であり、セーフティネットが十分整っている社会だ。そして、過度な経済力の集中が存在しない経済社会であり、労働権や消費者の権利など、共同体構成員の権利が保障される社会だ。したがって、経済民主化は同伴成長を裏付ける手段である。このような経済民主化社会づくりに必要なさまざまな条件のうち、まず解決しなければならないのは経済力の集中を解消することだ。少数の財閥と大企業に経済力が集中する限り、中小企業、労働者、消費者が経済活動で選択できることが制限され、結局財閥と大企業の不公正行為に順応せざるを得ないからだ。

世の中が変わっている、国民が変わっている

　同伴成長に反対した財閥が、残念ながら超過利益共有制は共産主義や社会主義の用語ではないか、という厳しい批判を浴びせた後、韓国の国民に見せたのは、親族が大株主になっている非上場系列会社に仕事の独占的発注のような変則的な遺産相続や贈与、街角商圏の侵害や蚕食など、財閥企業の規模と威勢に全く似合わない姿だけだった。彼らは批判を受けるたびに、過ちを認めて反省するどころか、脅し文句ばかり並べていた。

　「私たちに対して何度も面倒なことを起こすと景気が低迷し、働き口も減るだろう。」こんな態度に見かねた大統領が直接警告すると、ただパン屋の事業からは手を引くと言うだけだった。もちろん財閥の総帥らは大統領の警告や現在の政界で行われている財閥改革の議論にびくともしない余裕を見せるかもしれない。あまりにも経済、政治、マスコミなど社会全般にわたる影響力が強大なので、言葉だけが飛び交う財閥改革の議論などには全く気にしないかもしれない。不良財閥の構造調整に踏み切った金大中政権と、「財閥改革に成功した最初の大統領になる」と言っていた盧武鉉政権の時がむ

しろよかったという財閥系企業関係者の言葉を私の耳で直接聞いたこともある。与野党を問わず財閥牽制を公言するこの状況を、彼らはどう考えるだろうか。

「経済も厳しいのに、我々が投資しないと、経済はさらに萎縮するのではないか。そうなれば、彼らは経済を立て直すことが先だとして、財閥改革なんかは多分水面下に潜むだろう」と考えるかもしれない。「いずれにせよ政権交代期に長期投資を急ぐ必要はない。だからできるだけ投資せずに成長率が１～２％に悪化する時まで待とう。そうするうちに投資を拡大してほしい、雇用を増やしてほしいと政府が我々に縋ることになれば、その時に財閥改革議論はやめてほしいという条件で先送りしてきた投資をしぶしぶすればいい」と考えるだろう。歴代政権が同じく、経済が厳しくなる度に財閥のトップを集めて投資と雇用拡大を物乞いしてきたから、財閥のトップがこのように考えるだろうと予想するのは全く無理ではない。

しかし、財閥は今大事なことを見逃している。世の中が変わっているという事実、韓国の国民が変わっているという事実をよくわかっていないようだ。すでに経済民主化と同伴成長は時代精神として定着している。たとえ大統領選挙が終わって財閥と関連した議論が遅々として進まないとしても、国民は黙っていないだろう。国民はこれまで、時代精神に背を向ける勢力の没落を何度も目にしてきた。

過去のパラダイム、そして変わってしまった世の中

財閥はずいぶん前から学界、官界、言論界、与野党の政界の関係者を思い通りに操ってきた。今もやっているし、これからもいくらでも操れるという傲慢な考えを持っている。政治権力は長くて５年

だが、経済権力は代を継いで持続すると言って、のんびりしている
のだろう。しかし、今や学者、官僚、ジャーナリスト、政治家さえ「OK」
すればいい時代は終幕を向かえている。国民が「OK」しなければ
ならない時代が到来したのだ。財閥が学者、公務員、政治家を意の
ままに操れるように、国民もいくらでも自分の好みに合わせて操れ
ると考えるなら、それは「時代錯誤」であろう。

　財閥は、学者、官僚、ジャーナリスト、政治家を自由に操るために、
さまざまな形で金銭的補償を提供してきた。今すぐ手渡さなくても、
「今後、言うことをよく聞けば、君にも施すことができる」というニュ
アンスをそれとなく流すだけで、オピニオンリーダーという人たち
は自ら進んで協力すると思うだろう。このようにして育てられた親
財閥系の人々を「財閥奨学生」という。財閥奨学生になるために自
発的に乗り出す人もたくさんいた。

　ところが財閥奨学生の問題は思った以上に深刻だ。先に言及し
たトヨタの事例でも、実は日本の主流マスコミの財閥寄りの姿勢が
一役買ったという見方がある。日本のマスコミはこれまで「トヨタ
こそ最も立派な企業」と連日のように称賛してきた。しかし、その
ようにマスコミが称賛する間にも、トヨタは中小企業との共生を破
壊することを躊躇なく行なっていた。それにもかかわらず、この
ような問題は全く報道されなかった。それもそのはずで、トヨタ
は莫大な広告費と政経癒着でマスコミの口に轡（くつわ）をはめて
いたからだ。トヨタの広告費は 2007 年に 1054 億円であったが、
2016 年の一年だけで 4890 億円を支払っている。また、ソニーも
2016 年に 3913 億円を広告費として支払っている。韓国ウォンで
換算すれば、それぞれ 4.8 兆ウォン、3.9 兆ウォンを超える莫大な
金額である。このようなお金の洗礼を受けた「財閥奨学生」が真実
に背を向けているから、トヨタは彼らが何をやらかしたのかも知ら

ずに慣行を守ったのだろう。

　しかし、財閥奨学生がいくら多くても、彼らは依然としてごく一部にすぎない。全ての国民を財閥奨学生にするのは不可能だ。全国民の心をお金で買うことはできないからだ。もしも政府が国民の心をお金で買おうとしたら、やがてポピュリズム政府になって国を滅ぼすことになる。企業がそのようにしたという話は今まで聞いたことがない。もっともそのようにしても倒産しない企業は、この世に一つもないだろう。

　韓国国民は、2008 年のグローバル金融危機の時、自分たちが苦しいにもかかわらず、大企業のために莫大な規模の法人税減税を許してくれた。経済開発以後、これまで大企業の功罪に対しても寛大に評価してくれる国民が未だに多い。国外で韓国の財閥系大企業の広告を見ると、まるで自分のことのように喜ぶのがまさに韓国の人々だ。それだけ韓国国民は財閥や大企業に対する愛情と期待が大きかったのも事実だ。しかし、もはや韓国国民は財閥や大企業に寛大になるわけにはいかない。自分の家族と隣人が大企業の横暴に涙を流さなければならない現実の前で、慈悲を施すことができるほど雅量に富む人は、それほど多くない。韓国の全企業の 99% が中小企業であり、従業員の 88% が中小企業に携わっている。彼らがまさにこの国の国民であり、市場の主導権を握る顧客だ。残念ながら、韓国の大企業はこの事実を忘れているようだ。

　国民の心を掴みたければ、財閥は謙虚な姿勢で市場の規則を公正に遵守すればいい。財閥が市場の規則の公正性を慣行的に違反し、またそのような悪い慣行を見直す考えは全くないので、同伴成長委員会のような民間団体が手をあげて、財閥を公正な道に導こうとしている。全ての国民を財閥奨学生にする自信がないなら、今からでも財閥は同伴成長に積極的に協力すべきではないか。超過利益共有

のような小さな譲歩もしないというなら、それはお金持ちの傲慢だ。高慢なお金持ちには立つ瀬がないというものだ。

　国民のない国家が存在できないように、顧客のない企業は抜け殻にすぎない。協力中小企業の首を絞め、路地商圏を掌握して庶民たちの生活の場を揺るがす財閥大企業の行動に対して、国民はもう特定の個別企業と何人かの企業家の不道徳を後ろ指さすだけで終わろうとしない。社会的責任経営や分け合い経営などで、共生の模範を見せるよい企業の製品だけ消費する優しい消費者に変身して経済の新たなパラダイムを作り上げている。今はこのような消費者の行動がただ消極的に見えるかもしれないが、結局は最も強力な抵抗であることを企業は気づくだろう。

　変化するのは国民だけではない。成長というスローガンの下、これまで財閥大企業の保護膜 (AT フィールド) であった政治圏にも大きな変化が起きている。2007 年の大統領選挙の候補たちの共通の話題は「実用」だった。しかし、5 年が過ぎた 2012 年、大統領選候補たちは誰もが「共生」「同伴成長」「経済民主化」といった伴に生きる生き方を語った。これは日増しに厳しくなる庶民の生活を度外視した「彼らだけの成長」ではなく、皆が一緒に成長する社会を要求する新しい時代精神の反映だったと言える。

これでも自由市場経済なのか

　古い習慣を捨てるのは簡単ではない。確固たる意志に劣らず一つ一つ実践していく実行も伴わなければならず、元の習慣に戻ろうとする厄介な誘惑も軽く退けなければならない。個人の習慣一つを捨てるにもこのように多くの努力が必要だ。この社会の長年の慣行

を破って皆が同伴成長するためには、より多くの努力が必要である。にもかかわらず、いかなる努力や実践もせずに変化だけを期待するのは、実に狡いことではないだろうか。同じ行動には、同じ結果しか期待できないものである。

　前で引っ張って後ろから押しても、同伴成長を実現するための道は容易ではないはずなのに、意志まで弱いとなれば、その道はさらに遠く険しく見える。私は同伴成長の真の意味とその期待効果を全国の津々浦々まで説明して回った。しかし、大企業は大企業なりに、自分の分け前を失うことを懸念して反発し、政府も同様に生ぬるい態度を一貫していた。それに中小企業も生殺与奪の権利を握っている大企業に気後れして、自分たちの問題を解決しようと積極的に乗り出さなかった。状況がこうだから同伴成長しましょうという呼び掛けは、ただこだまのように空しく響くだけだった。

　同伴成長委員会は、大企業と中小企業の代表らが集まって、専門家らの仲裁でさまざまな議論を行う仕組みだった。その場で中小企業の代表らは、大企業の機嫌を伺うため、公の場では言いたいことを積極的に言えなかった。後で大企業からどんな報復を受けるかわからないからだと聞いた。大企業であれ、中小企業であれ、互いに正々堂々と取引しなければならないのに、中小企業の代表らは恐怖政治の中で暮らす人々のように気後れし、萎縮していた。「こんなものも自由市場経済だと言えるのか」と疑念を抱くほどだった。財閥が生殺与奪の権利を握っている企業なら、その企業は果たして自由経済に属しているという安定感を持つことができるだろうか。このような文化が公然と残っている社会が真に自由民主主義社会だと言えるだろうか。

　中小企業がそのような姿勢で取り組んでいる状況で、議論のもう一つの当事者である大企業が協力できないと拒否すれば、同伴成

長委員会の活動において成果を出すことは不可能になる。超過利益共有制という言葉そのものが負担になるので、「協力利益分配制」に変えろと言われたのでそうすることにした。ところが大企業の代表らはその問題を議論する席に二度も連続して全員欠席し、会議そのものをボイコットした。彼らにとって当初から名称のようなものは重要ではなかった。ただ自分の下請け会社にすぎない他社と一緒に成長するのが嫌だったのだろう。

　状況が状況なので、私にできることはこれ以上なかった。李明博大統領を訪れ、せめて予算でも増やしてほしいと提案したが、何の返事もなかった。同伴成長委員会を初めて立ち上げる時は、大統領の同伴成長への意志も、私に劣らないほど強いと思った。ところが、１年後に来てみると、あの時とは全く違っていた。同伴成長が必要だということは頭ではわかっているものの、最初から胸に迫るほど切実なものではなかったような印象を強く受けた。財閥系大企業が反対し、政府も支援せず、中小企業も自分たちの問題に積極的に乗り出さない環境で、このようなやり方では時間だけが無駄になるという感じさえ受けた。

　個人的にも、そして韓国社会に同伴成長を根づかせるためにも、決断が必要な時期だと判断した。私は同伴成長委員会の委員長の座から退いた。そして2012年6月に同伴成長研究所を設立した。政府に頼らず、完全に自由な状態で同伴成長を研究し、同伴成長文化を拡散させるという狙いだった。そこで私は同伴成長の新しい夢を見ることにした。何の支援もなく、荒野にテントを張って始めたことだが、希望だけは諦めなかった。同伴成長はすでに時代精神として定着し、国民の要求を反映していると思ったからだ。

　まだ同伴成長は今やっと歩きだしたレベルにすぎないが、それでも私は時代の流れが同伴成長を要求していると固く信じている。

近い将来、同伴成長は必ず具体的な結実を収めることになると確信する。財閥企業、財閥を擁護する学者たち、官僚と政治家が一つとなり、同伴成長に反対した。だが、彼らも時代の流れをいつまでも逆らうことはできないと思う。私は同伴成長を実現し、韓国を同伴成長する社会に変えることができれば、どんな役割も辞さない覚悟である。

第二章

共に歩めば遠くまで行ける

３万ドルの時代にもっと不幸になった人たち

　幸福とは果たして何だろう。「今この瞬間、幸せですか」と聞かれたら、何人ぐらい「そうです」と言えるだろうか。2022年、国民所得３万ドルの時代に生きる、5000万人の韓国国民の中で幸せだと感じる人は一体何人ぐらいいるだろうか。

　アラブには「貪欲と幸福は一度も顔を合わせたことがない」という諺がある。貪欲を追い求める人は、決して幸せになれないという意味だ。そして、貪欲と幸福は一緒になれないため、貪欲な社会であればあるほど、幸福になることは難しいという意味でもある。では、韓国社会はどうだろう。貪欲な少数の人々のために、善良な多くの人々の幸福が失われつつある。

　最近、韓国のニュースや新聞を見ると「新貧困層」という言葉が頻繁に登場する。新貧困層とは、経済危機や景気低迷などで社会的中間層が崩壊し、新たに形成された貧困層を意味する新造語だ。しかし、彼らは最下位貧困層のように国から基礎生活保護を受けられないので、日々の生計が脅かされるほどの大きな困難に直面して

韓国のGDP

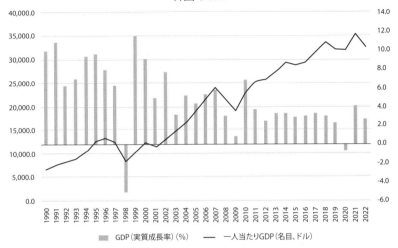

GDP（実質成長率）（%）　——　一人当たりGDP（名目、ドル）

いる。その上、韓国は失業の増加などによって、このような新貧困層の数が日増しに増えていて、そのために引き起こされるさまざまな社会問題への迅速な対策が求められている。

　若者層は自分の希望年収に合う会社が見つからず、就職難に苦しむ。壮年層は過度な家計債務や解雇不安でとても幸せとは言えない。また、韓国のベビーブーム世代（1950年～1964年生まれ）はすでに老後の糧となる財産も十分に築いていない状態で引退し始めた。経済的な理由で自殺する人や離婚する人も増えた。何の心配もなく暮らせる人々はごく少数にすぎない。国民の多くは、不安と心配から不幸だと思いながら日々を暮らしている。もちろん、貧しいからといって必ずしも不幸であるわけではない。しかし、個人の幸せを維持するのに経済的要因がとても重要な要素であることは否めない。

　対策を立てるためには、原因をしっかり見極める必要がある。2008年のグローバル金融危機に端を発した韓国の経済危機は、ま

ずは株価や為替の急激な変動として現われた。今やそれが不動産バブルの崩壊と家計債務の拡大から始まった金融不安、コロナによる建設業の危機、そして世界的な景気低迷による造船・自動車産業の輸出の鈍化に繋がり、全面的な内需の低迷となっている。一見すると、韓国経済の危機は純粋に外部から始まったように見える。もちろん、外部からの衝撃による部分も大きい。それにうまく対処できず、政策が信頼を失ったため、為替のように可変的な要因によって不安定性が大きくなった側面もある。しかし、韓国でも米国と似た根深い問題が発見されている。盧武鉉政府の韓国でも不動産価格が急騰し、お金を借りて投機に走った人が非常に多かった。グローバル金融危機以降、韓国の不動産価格は米国よりは下がっていないものの、価格が大幅に下落したマンションを簡単に目にすることができた。

　2006年の秋を思い出してみると、韓国で不動産の投機がどれほど酷かったのかよくわかる。一般的にその家自体が与えてくれる満足や幸せよりも、家の値段が今後もっと上がるだろうと思って家を買う場合、それは投機だと見てもいいだろう。当時、ごく普通に暮していた多くの人々がお金をたくさん借りて、自分の所得とはとても似合わないとんでもない高級マンションを買った。彼らは月に100万ウォン（10万円）、200万ウォン（20万円）にもなる利子を支払うことで生活の質が非常に下がっていた。もし彼らが景気後退で失業でもした日には、彼らにお金を貸してくれた銀行も一緒に危険に陥るしかなかった。

　では、なぜ韓国の経済構造は健全だったにもかかわらず、このような投機が起きたのだろうか。1997年のアジア通貨危機以降、韓国でも米国のように経済の二極化が急速に進んだ。所得分配は持続的に悪化し、経済構造のさまざまな不均衡は日々深刻になってい

た。韓国の中流層や下流層も米国の中流層や下流層と同様に、高所得の上流層の消費形態に追い付こうと頑張った。もうちょっといいマンションに住みたい、車も一台持ちたい、子供もいい学校に通わせたいのは、人間として仕方のない欲望だろう。問題はこのような欲望を所得が支えられなかったということにある。それで貯蓄を減らし、借金してお金を使い始めた。

　もちろん、このような消費の現象を自分の所得を考慮しないまま消費を減らせなかった個人の責任であると批判することもできる。しかし、当時１人当たり国民所得が２万ドルになったとシャンパンを開け、ファンファーレを鳴らし、あたかも韓国の国民全員がお金持ちになったかのように世論を煽って混乱を招いた政府やメディアの責任も大きい。そしてもっと重要なのは、「あなたは他の人より貧しいから、あなたの身の丈に合わせて生きなさい」と言う前に、みんなが一緒にお金持ちになれる社会構造を確立しようとする努力をどれだけしてきたのかを一つ一つ検証しなければならない。

中流層が崩れる

　人の体の中で腰はとても重要だ。体を支えるだけでなく力仕事の時も腰が入ってこそちゃんと力を入れることができる。腰の弱い人はどんな仕事もきちんとやりこなすことができない。力仕事だけでなく机の前に座っているのも、じっと立っているのも苦しくなる。腰がよくないと結局全身が苦しくなるし大変である。

　ある社会の健康や幸福も人の腰にあたる中流層の状態にかかっている。厚い中流層こそ社会を維持する柱だ。中流層がなく、お金持ちと貧乏人だけが多くなれば、その社会は腰の弱い人のように、

柱の弱い家のように、とても危ない。すぐにでも崩れるかもしれない。逆に中流層が丈夫でしっかりしていればその社会は自ずと発展する。2022年のフォーブス誌が発表した世界長者番付の上位を見ると、その多くがイーロン・マスク、ジェフ・ベゾス、ビル・ゲイツ、ウォーレン・バフェットのような米国人である。堅実な先進国の会社のCEOが名を連ねている。ただ少し昔に遡って、2008年のフォーブス誌が発表した世界長者番付を見ると、世界2位のお金持ちはメキシコ人で、世界10位以内にインド人が4人もいた。しかし、これらの国の経済構造が堅実だと信じている人はあまりいない。中流層が安定的に社会の柱の役割を果たしていない国では、まるで私たちの体の血液の巡りが悪くなるように、経済の流れが断絶され、社会の隅々に病気が生じて、結局は社会全体が病気になって倒れることもある。したがって、ある社会の幸福のレベルを知りたければ中流層の比率に注目しろと言われている。能力の限り精一杯働き、正当な対価をもらって、個人や家族の幸せに多くの時間を投資できる階層がまさに中流層だからだ。最も理想的な社会は菱形である。上流層と下流層が少数であり、中流層が最も多い社会が最も安定的で幸せに満ちたコミュニティだと言える。

　経済強国はほとんど中流層が厚いという共通点がある。最も近い事例が日本だろう。過去日本の人々は自らを「一億総中流」と意識していた。「一億総中流」とは1970年代から2000年代初期まで日本国民の9割以上が自分は中流に属すると考えていたことである。日本の場合、職業的地位の高い人は学歴・所得・権力など他の地位もすべて高いという「地位の一貫性」があてはまらず、所属階層意識を醸成する指標が多様で一貫性を欠くことが、だれもが中流意識をもちやすい結果につながったと言われている。しかし、バブルが崩壊して経済的二極化が進むにつれて、この言葉は聞かれな

くなり、今は「格差社会」と言われている。

　一方、韓国の中流層も崩壊の危機に置かれている。韓国の家計の健全性はすでに危険であると言っても過言ではない。1999年、韓国で個人の純貯蓄率は15％を超えていた。2007年に2.3％に落ちた後、じわじわと回復していたが、コロナ過の逆説だろうか2020年には11.9%にまで戻っている。これはコロナ過による普遍的支援など韓国政府の積極的支援策で、移転所得が家計と民間に流れてくる一方で、ソーシャルディスタンスの強化などによって個人の消費が振るわなかったためだった。また、これらはすべての階層を平均した数値なので、下流層の貯蓄は事実上マイナスと見るのが正しいだろう。

　今振り返ってみると、最初はクレジットカードを媒介にして、下流層が借金の沼にはまり、次は住宅ローンを媒介にして、中流層までもが借金の底無し沼にはまっていった。生活に必要な消費を借金で賄うことは仕方がなかったとしても、身の丈に合わない大きな借金をしてまで株や不動産を買うのはこの上なく危ないことだった。アメリカの投資銀行がなぜ倒産したのか。平たく言えば大きな借金をして危険な資産に投資して潰れてしまったではないか。まして、投資の専門家でもない一般家庭の人々がこのようなことに手を出してしまったのはとても危険なことだった。

　このまま進むと中流層の崩壊は早まっていくしかない。今、韓国の家計は利子費用を米国よりも多く出しており、所得よりも多い借金をしている。米国のサブプライム住宅ローン問題が下流層を中心に起きたこととは違って、韓国はほとんど中流層が主体になったためにそれでもなんとか耐え忍んでいる。だが、経済の根幹となる中流層の所得の流れに予想しなかった衝撃があり、元利金を延滞して不良債権になれば金融業界も一緒に危険になってしまう。

1997 年のアジア通貨危機以後、韓国の企業、特に大企業は負債
をあまり増やさず財務健全性を高める方向へ経営してきた。一度大
変な目にあって、いい教訓になっただろう。しかし、次の危機が必
ずしも同じ問題で発生するわけではない。今回は家計が問題になっ
ているのだ。家計債務の問題は、家計所得の源泉といえる雇用問題
とも関連性が深い。そもそもいい仕事を持つことができ、またこれ
を安定的に維持できたら、家計債務問題がこのように深刻にならな
かったかもしれない。しかし、韓国はアジア通貨危機以降、輸出大
企業中心の経済政策に集中してきた。だから中小企業と自営業は酷
く萎縮してしまった。

　これら中小企業と自営業は主に内需に依存している。政府は輸
出大企業の成果が下請けの中小企業に溢れ落ちる落水効果を通じて
内需も活性化され、中小企業と自営業も成長の恩恵を享受できると
期待した。しかし、経済のグローバル化が進み、国内産業関連構造
が断絶されたため、輸出と内需の間で、また大企業と中小企業の間
で、景気も二極化し、雇用も二極化した。これが中流層と下流層の
家計債務を増やした根本原因である。最近、中小企業の社長と自営
業者は、アジア通貨危機よりも厳しいと訴えている。経済が二極化
し、中流層が崩壊し、内需が萎縮した結果だった。

　もちろん、アジア通貨危機の時、外国為替のために国や企業が酷
い目に合ったので、外貨を集めるために輸出大企業を中心に経済を
運用することは仕方がなかったと言い訳することはできる。しかし、
内需の基盤を拡充し、中小企業を丈夫にするからといって外貨を集
められないわけでもない。ドイツや日本は内需と中小企業が私たち
よりはるかに丈夫で経常収支も大幅な黒字を見せているではないか。

　問題は、なんとか成長の動力として機能していた輸出産業までも、今は困難にぶつかるようになったという点だ。2000 年代半ば

世界的な金融危機が広がるにつれて、米国、日本、ＥＵなど先進国はもちろん、2000年代以降、韓国の最大輸出市場として浮上した中国と東南アジア諸国の経済も急速に冷え込んでいる。電気、電子、自動車、鉄鋼、造船、石油化学など韓国の代表的な輸出産業のすべてが深刻な低迷局面に陥るしかない状況だった。そして、最近のコロナ禍や米中対立、そしてウクライナ戦争は韓国の経済により大きな衝撃を与えている。

　先に述べたように、全世界の200以上の国のうち、韓国と同じように人口が5000万人以上で、韓国より1人当たりの国民所得が高い国は6か国だけだ。米国、日本、ドイツ、イギリス、フランス、イタリア、まさに経済強国だけである。そう考えれば、必ずしも韓国を以前のように力がなく、小さな国と決めつけることはできない。しかし、国の経済規模がこのレベルの国で、韓国のように内需の基盤が弱体化しており、外部からの衝撃にとても弱いことは深刻な問題だと言わざるを得ない。これほどの経済規模の国で輸出がGDPの50パーセントをはるかに超えるというのは、国家経済の行く末を世界の景気動向に賭けすぎているといっても過言ではないだろう。

　現在の韓国経済の体質は1997年のアジア通貨危機や2008年のグローバル金融危機の時とは違うとよく言われている。もちろん多くの点で違う。アジア通貨危機の時は大企業と金融機関の負債が原因として作用したが、今韓国の大企業と金融機関の財務状況はその時とは比較できないほどよくなっている。しかし、この過程でもう一つの問題が生じてしまった。ある側面では、むしろ韓国経済がアジア通貨危機の時に劣らない、いやその時よりもっと深刻な構造的問題に遭遇したと見なければならないだろう。

　結局、韓国は経済の二極化と対外依存度の深化によって中流層と中小企業の基盤が崩れ、家計債務の増加をもたらして、それが経

済危機のトリガーになってしまった状況に直面している。まだ私たちが名前すら知らない数多くの自営業や中小企業の経営不振が目に見える問題として浮上してきた状況だが、私たちが今からでも賢明に対処しなければ、ある瞬間、私たちが名前を知っている大企業と金融機関の経営不振が顕在化するかもしれない。家計債務や建設業・造船業などの企業債務が金融の不良債権を生み、金融の不良債権が実体経済の萎縮に繋がる悪循環の可能性がある。

　すでに韓国社会は大きな貪欲の波がすべてを飲み込んで通り過ぎた。そして、後に残ったのは、二極化と中流層の没落、家計の崩壊という惨めな不幸だけだった。昨日も、今日も毎日その日の暮らしのために子供をつれて無理心中をしたり、粉ミルクを万引きしたり、通り魔的な犯罪を犯すという酷いニュースが聞こえてくる。こんな社会で幸せは一体どこにあるのだろうか。幸福よりも不幸が、一緒に成長するよりも一人ひとりが欲望に身をまかせて私利だけをむさぼる社会は変わらなければならない。しかし、それはすべてを覆い隠そうということではない。皆が一緒に楽しめる幸せな家を力をあわせて建ててみようということだ。今まで、両親はもちろん弟たちが長男を出世させるために骨を折ったし、借金までたくさんした。だから、今度は長男が家族の世話をしろということだ。そうすれば弟たちももともと自分が持っていた能力が何なのか、夢が何なのかを知って自ら幸せを探しに行くのではないかということだ。

泥沼にはまった人たち

　現在、韓国社会が抱えているさまざまな経済問題がその姿を現したのは2004年から2005年頃だった。この時は輸出が伸びてい

るにもかかわらず、内需が追いつかず、成長率が上がらなかった初年だった。投資と内需が不振なので質のいい雇用先が作られず、若者の失業率が低くならなかった。また家計所得が増えなかった。所得が増えないので家計債務が途方もなく増えた。さらに、これらの問題はお互いに悪影響を与えた。家計債務が多すぎるため、消費行動がきちんと行われず、内需が生き返ることができない。内需が生き返らないため、投資が増えないといった具合だった。これらの問題は結局、二極化の深化と成長の鈍化に要約することができる。

　その後、政府はそれぞれの問題に対する対応策を発表した。内需が不調だったため、内需振興の景気対策を出し、雇用が増えないので雇用対策を出した。それとはまた別で若者に対する多くの雇用対策も出した。家計債務が危険水位に達すると家計債務対策が出てきて、二極化が激しくなると二極化対策が出た。しかし、このような問題はその後20年近い月日が流れたが、まだそのいずれもすっきり解決されていない。むしろ、これらの問題の多くは時間が経つにつれてますます悪化している。それはこれらの問題が本当に難攻不落の難題だったのではなく、政府の対策が問題の核心を突かないまま断片的かつ対症的だったからだ。

　食べていく問題が解決されるどころか、泥沼にはまるように問題が深刻になると、国民の生活のあちこちで破裂音が聞こえてきた。特に若者たちの人生には絶望が影を落としている。雇用が増えず、家計所得が増えないと、結婚は贅沢と考えられ、平均初婚年齢も遅くなっている。一生アルバイトをして非正規社員で暮らしていきそうな不安感に、人を愛する感情までも自ら抑制しているという。若者たちが結婚を遅らせると、それは出生率の低下につながる。2022年の今、韓国は世界で出生率が最も低い国になった。小学生数はどんどん減って一人暮らしの単身世帯の割合が増えた。いわゆ

る就職、結婚、出産をあきらめなければならない「三抛世代（サンポセデ）」と呼ばれるこの国の若者たちは、希望より絶望をより近く感じている。

　経済二極化は幸福より不幸が、希望より絶望がより身近に感じられるほど、国民の心までも疲弊させている。増える借金と生計の負担に自殺のような極端な選択をする人々のニュースは、もはやニュースとしての価値すらない。家庭内暴力や離婚などで家庭が破綻するケースも急激に増えた。勉強だけが生きる道と言って学生たちは昼夜を問わず学校や受験塾に通い続け、若者たちは激しい競争社会の中に放り出されて、自分を不幸だと哀れみながら生きている。残念なのは若者だけではない。韓国の老人も他国の高齢者より遥かに不幸だ。2013年度のOECD統計資料によると65才以上老人の10万人当たり自殺率が、米国は14人、自殺が多いといわれる日本は18人程度だが、韓国は82人だった。同年度OECD平均の22人より4倍も高く、世界一の自殺率である。2018年度には58.6人まで落ちて少し改善されたが、同年度韓国の独居老人は104万人で、孤独死する老人、つまり生涯最後の瞬間に周りに誰もなく一人で一生を終える老人は毎年450人に達する。

　韓国社会の最も基本的な共同体である家庭に対する考え方も、10年前に比べては見違えるほどに変わってしまった。統計庁が毎年発表する『韓国の社会動向』の調査資料を見ると、「家族（子供）が両親を扶養しなければならない」に同意する人は、1998年の調査では10人のうち9人だったが、2011年の調査では10人のうち3人、2018年の調査では2.6人に過ぎなかった。2012年、韓国女性政策研究院が発表した『家族の未来と女性・家族政策の展望』によれば、韓国の人々が2030年に最も多く希望する家族の形態は「親扶養が必要ない」形態と答えている。

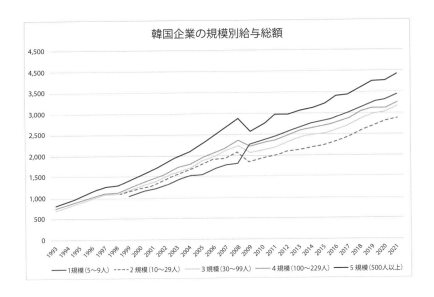

韓国企業の規模別給与総額

（凡例）
— 1規模（5〜9人） - - 2規模（10〜29人） — 3規模（30〜99人） — 4規模（100〜229人） — 5規模（500人以上）

　これはあまりにも衝撃的な発表であった。これが果たして韓国社会の統計で間違いないのかと疑うほど、わずか10年足らずの期間で天地が引っくり返ったような価値観の変化が起こった。伝統的に親孝行を重視してきた韓国がどうしてこの状況にまでなったのだろうか。親孝行のように重要なモラルを軽んじていると責めているわけではない。自分の両親さえも我関せずという「親不孝」の背景には経済的貧乏が大きく作用していることを指摘しているのだ。1人当たりの所得が3万ドルで、国際的な格付け機関による国家の信用格付けが日本より高くなったが、韓国の国民が果たして昔より幸せになったといえるだろうか。

　もちろん、これらの社会変化のすべてが経済問題に起因しているわけではない。その上、過去より今現在、韓国の経済が遥かに裕福になったのも事実だ。しかし、経済的に窮地に追い込まれている人は今もなくなってはいない。「衣食満たして礼儀を知る」という韓国の諺がある。家庭を維持するためにもある程度経済力は必要で

ある。お金を稼ぐ道がなくなった人の中には、結局自殺や離婚を選ぶ人々が多い。また年老いた両親の中には、子供に経済的負担をかけないように自殺を選択する場合もあるのではないだろうか。

　このように韓国社会が抱えている多くの不幸の根底には「お金」がその原因として重く位置していることは否定できないだろう。食べていく問題をないがしろにして、希望と哲学を語ることがどんな意味があるだろうか。基本的な衣食住が解決されてはじめて、挑戦や希望を夢見ることができる。今、若者たちが挑戦意識が足りず、希望的ではないと叱るのは見方によれば無責任なことだ。最低限の生存を確保してはじめて亀裂の入った暮らしを復元することができる。したがって、この社会の不幸を癒す方法は、経済問題を解決することで、最初のボタンを掛けることができる。

　例えば、韓国の雇用の大半を担っている中小企業が今よりもはるかに強くなり、大企業に劣らない給料とビジョンを与え、よい就職先があふれる経済を想像してみよう。そんな経済で、韓国の青少年たちはあえて公務員になったり、大企業に就職しなくても、他人の目を気にせず食べて暮らすことができる。

　そのような経済の環境ならば、韓国の青少年たちは今のように大学の卒業証書を取って無駄なライセンスを集めるために、毎日ほぼ24時間をストレスの中で生きる必要がない。さらに、職場が安定しているため、結婚や出産の計画もさらに積極的に取り組むことができる。労働人口が増えるから、高齢者に対する社会的支援も増え、下流層への福祉もさらに拡大することができる。中小企業を丈夫にするだけでも、多くの社会問題が一気に解決できる呼び水となる。絶望に打ちひしがれた韓国の若者たちに絶望するなと言いたい。一人の大学の先生として、国政を率いた者として絶望より希望を語りたい。

「絶望するな。たとえあなたの現状が絶望するしかない場合でも、絶望するな。もう終わりだと思っても、結局また新しい力が生まれるものだ。」

　カフカの言葉である。私はあきらめずに新しい力、つまり挑戦と夢を見ようと励ましたい。しかし、最低でも食べていく問題が解決されてはじめてこの激励が意味を持つと思う。この問題さえも若者たちに解決せよと言うのはあまりにも恥知らずではないだろうか。

高度成長の奇跡とコリアンドリームは終わった

　建物という建物はすべて崩れた廃墟の国、働き盛りの多くの男たちが手足を失ったり命を捨てなければならなかった国、帰ってこない夫と父親を待ちながら妻と子供たちがその日の食事を心配しなければならなかった国、元々何も持っていない境遇なのでとても国家の形を整えることができないだろうと悲観的な展望が定説として固まっていた国、その国の名前は朝鮮戦争で全国土がぼろぼろになってしまった韓国だった。

　朝鮮戦争で完全に廃墟となった韓国経済の再生は、誰が見ても不可能だった。400万人以上が命を落とした。ソウルではまともな建物を見つけることも難しかった。愛する家族を探して孤児と難民が都市と農村をさまよい、社会基盤施設は深刻なまでに破壊された。その後、1950年代の間、韓国経済は年間3%という無気力なスピードで成長した。しかし、1960年代から韓国は戦争の惨禍を乗り越えて上昇し始めた。その後約40年間、韓国は平均経済成長率8%という驚異的な記録を立てた。1957年には67ドルに過ぎなかっ

た1人当たりのGDPが今は3万ドル以上に達し、GDP1兆7978億ドル規模の経済強国になった。

　1996年、韓国はOECDに加盟した。2012年、韓国の人口は5000万人を突破し、2017年、一人当りのGDPは3万ドルを越えている。人口が5000万人以上の国の中で一人当りのGDPが3万ドル以上の国、いわゆる「50-30クラブ」に加入した7番目の国になった。韓国より先に加入していた米国、日本、ドイツ、英国、フランス、イタリアは過去自国の歴史の中で、一時帝国の位置にあったか、現在世界をリードしている国々である。莫大な規模の人的・物的資源を動員したり組織したり管理した経験のある国という意味だ。歴史上、そうしたことのない国の中で50-30クラブに加入できた国は韓国が初めてだ。

　それだけではない。2010年にはG20議長国として首脳会議を韓国で開催した。2011年、韓国は世界で9番目に貿易1兆ドル達成に成功し、2013年以降、貿易規模順位は世界9位を記録している。サムスン、LG、現代(ヒョンダイ)など世界的な企業が目覚しい成功を収めている。2012年には、世界的な信用格付け機関であるフィッチ・レーティングス社(Fitch Ratings Ltd)が、韓国の信用格付けをA+からAA-に一段階引き上げ、日本と中国よりも信用格付けの高い国になった。アジア通貨危機で国家倒産の危機が目の前に迫っていた時が一昨日のことだったのに、漢江の奇跡は偶然ではなかったのだ。

　2019年からはじまったコロナ過の中で韓国のK–POP、K–ドラマは世界の人々に受け入れられた。2021年国連貿易開発会議(UNCT-AD, United Nations Conference on Trade and Development)は、韓国の地位を発展途上国から先進国へと転換した。今世界は、文化、芸術、スポーツの各方面で韓国人が成し遂げた成績とアジアを越えて世

界に広がっていく韓流という新しいトレンドに驚いている。2023年の現在、韓国は世界10位圏の貿易大国であり、K-POP、K-ドラマが世界的に流行している文化強国、5G移動通信が商用化された先端技術国家として位置づけられている。

　世界地図を広げてみると、朝鮮半島は本当に小さな地域にすぎない。しかも韓国はその半分しか占めていない。それでもこのように奇跡のような成果を上げることができたのは、全国民が努力したおかげだ。十分に自負してもいい歴史を作ってきたし、またその底力を疑わない。しかし、快適な椅子に座ってシャンパンを飲んでいるには、世界が毎日のように急変している。世界経済の危機は終わったのではなく、依然として進行中だ。それよりさらに深刻なのは、韓国社会と経済の体質が果たしてこのような危機を克服できるかということだ。

　今まで成功したからといって、今後もそうなるだろうと安易に考えるには、国内外に変化と危機の波があまりにも激しい。総力を傾けても荒波を乗り越えることが難しいのに、独走する財閥と二極化の葛藤はしきりに成長の足を引っ張っている。一緒に進めないなら、韓国経済の成就はここまでだ。みんなの手を握って一緒に進まなければ、もはや奇跡は期待できない。

　国民所得３万ドルを達成したとして歓喜のシャンパンを開けたのがいつのことやら、韓国は数年間成長が足踏み状態だ。隣国である中国の急浮上と比べると、さらにみすぼらしく見える。つい先日まで中国は低い賃金と安価な商品で競争する後進国だと見下していた。ところが今はどうか。世界最大の経済規模を誇る米国を遠からず追い越す勢いだ。一方、韓国はこれといった成長動力がなく、後退の兆しさえ見せている。いくつかの大企業中心の経済構造は動脈硬化を引き起こしたように、世界経済に十分対応できずにいる。史

上最大の営業利益を残したという大企業の業績報告は、彼らだけの
祭りに過ぎず、多数の中小企業と国民が体感する経済は惨憺たるも
のだった。

　OECD が 2011 年 11 月に発表した報告書によると、韓国の経
済成長率は今後 50 年内に 1% にまで墜落すると言った。韓国の経
済成長率は政権が変わる度に 1% ずつ落ちていったが、幸いにも
2019 年まで 2 〜 3% を維持している。一方、中国は近いうちに米
国に追いつくだろうと展望していた。当時の中国がすでに世界 1
位の輸出大国であり、外貨保有国、世界 2 位の経済大国というタ
イトルを獲得しているため、OECD の予測は尋常ではなかった。

　中国の急浮上は改革開放以後 30 年余りの間、豊富な資源と低賃
金を土台にした価格競争力の優位のおかげである。中国が本格的に
世界市場に価格競争力を持ち出して進出すると、韓国の企業は大き
な打撃を受けた。韓国も相対的な低い価格を決め技に世界市場に進
出していたため、強力なライバルが現われたわけだ。しかし、これ
まで飛躍的に発展してきた韓国の従来の経済構造では、価格競争力
で中国に勝つことがとてもできなかった。低賃金モデルは今や韓国
の経済構造が受け入れられない過去の武器となった。生活水準と経
済力が高くなったのに、再び賃金を中国の水準に引き下げることは
できなかった。

　中国の急浮上が明確になると、韓国では価格競争力ではなく新
しい競争力で危機に対応しなければならないという声がますます高
まった。それだけ低賃金モデルによる価格競争力優位確保戦略は中
国に奪われたという意味でもあった。それよりさらに深刻なのは、
中国も今や低賃金モデルの価格競争力から脱皮し、高付加価値の産
業構造に再編しているという事実だった。

　中国は過去企業誘致のために引き入れた斜陽産業を市場から退

出させている。中国は2011年に「12次5か年計画」を通じて産業構造改革と発展戦略を提示し、高付加価値で環境に優しい、エネルギー関連の産業構造に変えるという野心に満ちた目標を明らかにした。そしてそれ以前から中国は籠を持ち上げて鳥を取り替えるという意味の「騰籠換鳥」をスローガンに、斜陽産業の構造改革と低賃金モデルからの脱皮を積極的に図っていた。つまり、空洞化なき高度化を目指すべく、衰退産業を先発地域からその周辺の後発地域に移転する一方で、新しい成長産業を迎えるという計画である。

　しかし、今では中国の人件費も高くなって中国に工場がある会社でももう耐えられなくなっている。グローバル企業の下請け業者が韓国から中国へ、また中国から東南アジアへと移転しはじめたのは随分前のことだった。その過程で韓国があれほど競争力があると勝ち誇っていた靴や繊維などの産業は1990年代に斜陽の道に入った。そして今はデジタル、宇宙航空分野、エネルギーなどの高付加価値産業でも中国に押され、近いうちに死闘を繰り広げなければならない状況に至った。

　既存のパラダイムが通じないなら、それを転換すればいい。パラダイムシフトである。奇跡が望めないなら、努力で挽回すればいい。元日本大使の崔相竜(チェ・サンリョン)氏も「奇跡は幸運ではない。人間的努力のもう一つの名前だ」と言った。二の足を踏んでいる韓国経済を再跳躍させ、先進国として足下を固めるためには、新たな成長エンジンを積極的に創出しなければならない。その成長動力を探し出すための努力は、いくつかの大企業と政府の力だけでは難しい。産業分野、企業規模、財界と学界を問わず知恵を集め、未来戦略を樹立しなければならない。そのために必要なのが同伴成長だ。未来戦略を樹立していく過程が互いの協力を伴うので、これもまた同伴成長の過程といえる。

やってもできない時代が来た

　過去の韓国の超高速成長はどのようにして可能だったのだろうか。これと関連して数多くの研究が行われたし、それぞれ多くの学説が主張されてきた。私は何よりも韓国人特有の精神、「やればできる」という自信を挙げたい。途方もない速度で進められた産業化の過程で、多くの韓国人は自分、家族、社会のために苛酷なほど努力した。これを通じて韓国は貧困から脱し、現代社会の基礎を築くことができた。仕事があるところなら、当時の韓国の若者たちはどこでもいとわなかった。1960年代に多くの若者たちが西ドイツで鉱夫や看護師として彼ら彼女らの役割を黙々と果たした。韓国の移民者の勤勉さに感銘を受けた西ドイツ政府は、韓国に大規模な借款を約束した。1970年代、中東で建設ブームが起きた時、多くの韓国建設労働者が中東を訪れた。韓国に残った家族は、彼らが稼いだ収入で生計を立て、子供たちを大学に行かせることができた。

　それだけではない。韓国人特有の「やればできる」という自信は、韓国の民主化過程でも目立った。韓国の民主化は決して容易ではなかった。過去一時期、一部の外国メディアは「韓国で民主主義が花咲くのを待つのは、まるでゴミ箱にバラの花が咲くことを願うのと同じだ」という表現をしていた。それだけ韓国は経済発展や民主主義という、二兎を追いながら、二兎を同時に得るために、より多くの挑戦と試練を克服していかなければならなかった。

　あまりにも大変だった過程を克服して得た輝かしい成果に感謝し、喜ぶのは当たり前だ。しかし、ただ素直に喜べないのは、このような輝かしい光の反対側に現われた闇の陰があまりにも濃いためだ。どれほどの事情があれば、きらびやかな光の中に立っている彼らに向かって陰の中の人々が「彼らだけの宴」と嘲笑できただろう。

　多くの人が、私たちの前に広がっている全く違うもう一つの現

実に当惑している。企業投資の減少、失業の増大、経済成長率の低下は昨日今日の話ではない。韓国の中流層は増加する私教育費と不動産価格、不安な雇用と脆弱な社会安全網に経済的苦痛を受けている。住宅全体の中の「持ち家住宅率」は 50% 水準で横ばいし、家の大黒柱である 40 〜 50 代の世帯主の半分が老後の準備ができていない。国民年金の保険料を払わなかったり、払えなかったりする人が経済活動人口の半分に達する。民間賃貸住宅に住む低所得層世帯の賃貸料負担が所得の 40% を越えるために「ネズミのしっぽほどの収入 (雀の涙ぐらいの収入) に、それも家賃を払えば残るものがない」という言葉がただの大げさな痛がりではないことがわかる。このように一寸先も見えないほどの暗闇の中を歩いている庶民に向かって「やればできる」と声を掛けても何の役にも立たない。少なくとも彼らに向かって弱い灯りでも照らしながら「やればできる」「できる」と大声で叫ぶべきではないだろうか。

　誰かが言った。切に願えば叶うと。また、誰かは反論した。夢だけを見ても叶うことはないと。死ぬほど努力してこそ成し遂げられると。しかし、もう一人の誰かが叫んだ。切に願い、死ぬほど努力したが、成し遂げられなかったと。彼らが何を切望し、どれだけ努力したのかわからない。しかし、少なくともこれ以上、この社会が切実に願ったから叶ったり、死ぬほど努力したからすべてを成し遂げたりできる社会ではないことは知っている。特に、それがお金持ちになる願いならなおさらだ。

　いつかは生活がよくなってお金持ちになれる、不自由のない暮らしができるという希望さえあれば、今の生活がすこし難しくても問題になることはない。今日が大変でも明日が今日よりよくなったら何が問題だろう。今は貧しくても一生懸命に努力して、いつか豊かに暮らせるという希望があれば、その人生は一度挑戦してみる価

値があるのではないか。自力成功の神話、サラリーマンの成功神話がそうだ。ところが今、韓国社会はそのような神話が出にくくなっている。もはや自力成功が可能な社会ではない。米国には「アメリカンドリーム」という言葉があったが、韓国は「コリアンドリーム」が誕生しにくい構造である。親の助けがなくても自分一人だけの力で一生懸命に汗を流し努力すれば、誰もが夢を叶えてお金持ちになれる国ではない。

　端的な例を挙げてみよう。フォーブス誌 (Forbes) が 2016 年 3 月に発表した世界長者番付で、米上位 100 人の内 64 人、約 3 分の 2 の財産形成形態が自力成功であり、3 分の 1 だけが相続による資産増殖だったという。他でもなく世界の中で最も財産が多いといわれるビル・ゲイツ、ウォーレン・バフェット、ジョージ・ソロスのような人々は、どこの資産家の子供たちなのか。彼らがとてつもない大金持ちの子供だという話は聞いたことがない。その一方で、アマゾンのジェフ・ベゾスやフェイスブックのマーク・ザッカーバーグのように IT 企業の創業者が多かった。彼らは皆自分の力で大金持ちになった。すなわち、米国の大金持ちはほとんど自分の力で夢を実現し巨額の富を築いた人々だった。米国の場合、大金持ちは自分の力でなるのが常識である。

　一方で、韓国はどうだろう。韓国も米国のように自力で成功するお金持ちが相続を受けてお金持ちになった人より多いだろうか。個人の能力を育て、全力を尽くして努力すれば、大金持ちになれる社会なのか、それともお金持ちの親に巡り合えてこそお金持ちになれる社会なのか。

　答えから言えば、今の韓国社会はお金持ちの親に巡り合えてこそ豊かに暮らせる社会である。「財閥ドットコム」[13] が調査したとこ

---

13) http://www.chaebul.com/

ろによれば、2018年9月基準、韓国金持ち上位100人の財産形成形態は約3分の1だけが自力成功であり、3分の2は相続による資産増殖だった。さらに正確にいえば31人が自力型で、残りの69人が相続型だった。米国とは正反対である。1位から20位までを見れば、米国は相続した財産でお金持ちになった人が20人中3人にすぎないが、韓国は20人中16人が財閥2世、3世だった。これぐらいになると、韓国社会では財閥から生まれていない人はとても韓国一の大金持ちになれそうにない。

　このような社会でどれだけ「やればできる」というスローガンを叫んでも、「コリアンドリーム」が入り込む隙はなかろう。このように巨大な富をこれ見よがしに隠すことなくそのまま相続していけば、自然に財産の格差が身分化に固着するしかない。新しい形の身分社会、貴族社会が形成されるのだ。韓国社会の祖父母世代は人生の最初の出発時期が朝鮮戦争の直後だったので差別できるものがほとんど何も残っていなかった。それで所得や財産に格差があっても、実はあまり大きな問題ではなかった。豊かに暮らすことができなかったとしても、村の中で一番貧しかった家の子供が後になって出世すれば、富の格差は一瞬にして覆すことができた。しかし、親世代からは少し異なっている。韓国の高度経済成長期に生まれ、ある程度安定的な暮らしの中で育ち、民主化の成功を経験した人々だ。しかし、今韓国社会は二極化や低成長で多くの問題が発生している。

　もちろん「フォーブス」や「財閥ドットコム」が財産形成形態を調査したお金持ちの人々は普通のお金持ちではない。米国や韓国の長者番付の最上位100位内に入る途方もない大金持ちだった。したがって、この人たちだけを見ていわゆる「お金持ち」という人たちの財産形成形態を一般化するには無理がある。しかし、私たちは韓国社会で生きてきたため、周りのお金持ちたちがどのようにお

金を稼いだかをある程度まで知っている。実際、周囲を見回すと、いい車に乗っていい家に住み、お金の心配なく豊かに暮すお金持ちの多くがお金持ちの両親に巡り合って大きな財産を受け継いだ人々である。そして、その残りの人の中にも本当の意味で自力成功ではない場合が非常に多い。例えば不動産の投機をして大金を儲けた人がかなり多いではないか。見た目には不動産投資、株式投資、コスダック投資と格好いいが、その内実は汗を流して仕事をするよりは「お金でお金を稼ぐ」ような投機の熱風が株式市場とコスダック市場を荒らしまくって、一夜にしてお金持ちになった人が多い。

　韓国のお金持ちの中で親の財産を相続したり投機をしてお金を稼いだりするのではなく、自分だけのアイデアで他人に有益な影響を与えながらお金を稼いだ人が果たして何人いるだろうか。例えば、世界で財産が最も多いというイーロン・マスクやビル・ゲイツのように、イノベーションを通じて全世界の数多くの人に新しい商品とサービスを提供した代価としてお金持ちになった人々である。私もそのような韓国のお金持ちを何人か知っているが、数は本当にごく少数にすぎない。

　米国社会は否定的な面も多いが、財産形成過程が非常に独立的で躍動的だ。階層間の垂直移動が活発だ。成功神話がまだ可能な社会という点は、私たちがどうしても学ばなければならない米国社会の長所である。一方で、今日の韓国社会は上位 100 人だけでなく、その下の 10 万人まで広げてみても、お金持ちの親に巡り合えた、もしくは投機が上手な人たちがお金持ちになる社会であって、汗を流して挑戦し努力した人たちがお金持ちになる場合は「干ばつに豆が生える」[14) ほど非常に珍しい社会である。

　富が身分化され世襲される社会を石化した社会 (petrified soci-

---

14) 韓国の諺。非常に珍しいことの例え。

ety)、もしくは骨化した社会 (ossified society) という。このように硬直した社会では、すべての国民の力量が十分に発揮される機会がなくなり、経済が傾き、人々に自分の人生に満足できない不満が積もって、結局社会が不安定になる。したがって、韓国社会が硬直しないためには、望ましくない形で富を築いて世襲することを防ぎ、熱心に努力するすべての人に満遍なく機会が回る社会を作らなければならない。そのために必要なのが同伴成長だ。

後退する日本を反面教師にせよ

「我々はアジアではない。」

地理的には間違いなくアジア大陸にいながら自らそう言う国がある。アジア唯一の先進国だと自負していた日本がまさにその主人公だ。傲慢に映りかねない彼らの無限の誇りの裏には、それを裏付けるだけの確実な根拠もある。2013 年、日本は韓国の 5 倍に達する GDP を誇り、世界 3 位の経済強国の地位を享受していた。1 人当たりの GDP も 4 万 6000 ドルで、韓国の 2 倍に達する。それだけではない。同年、世界 500 大企業に入る企業が韓国の 14 社に対して、日本は韓国の 5 倍に近い 68 社もあった。特に、日本が世界輸出市場でシェア 1 位を占める品目は 230 品目で、韓国の 3 倍に達する規模だった。

しかし、いくら念入りに積み上げた塔も、外部の強力な衝撃と内部の微細な亀裂には耐えるすべがない。世界に向かって勢いよく疾走し、高度成長を続けてきた日本も同様に、このような危機を避けることはできなかった。1995 年には世界 500 大企業のうち 149 社が日本企業だったが、2009 年には 68 社に、2021 年には 53 社

にまで減った。1人当たり GDP も 1993 年には世界3位を誇ったが、わずか 15 年後の 2008 年には 23 位に墜落し、2021 年には 24 位に止まっている。そして国際競争力も 1990 年には世界1位で最高の地位にあったが、それから 20 年後の 2010 年には 27 位に降格し、2021 年には 31 位まで落としてしまった。また、2021 年、日本の GDP は 5 万 1031 億ドル、韓国の GDP は 1 万 8238 億ドルで 2.7 倍に縮まっており、1人当たりの GDP の場合も日本の 4 万 704 ドルに対し、韓国の 3 万 6790 ドルで 1.1 倍にまで近づいている。外見的な経済指標としては目覚ましい追い上げといっていいだろう。

　ただ、今、日本が経験している危機の根底には、韓国と似たような原因がある。したがって、日本経済の後退をただ対岸の火事のように見過ごすことはできない。むしろ少なくとも「人の振り見て我が振り直せ」という反面教師にする必要がある。日本経済と産業の競争力が弱まった原因としては、高い法人税、円高現象、日本大震災、各種規制など、さまざまなものがあるが、社会的側面の根本原因を見てみると、持続的な出生率低下による高齢化社会への進展が欠かせない。

　高齢化社会という問題点のうち、経済成長に大きな打撃になりかねないのが労働人口の減少だ。経済成長の主役といえる若年層が減るので、絶対的労働人口の減少は避けられない。これと共に社会の全ての部門で情熱や意欲も減るしかない。日本の若者のうち、10% を超える人が特別な職業なしにアルバイトだけで生活を維持するニート (NEET、Not in Employment、Education or Training)、またはフリーター (free と Arbeiter の合成語) であるほど、現在の日本社会はチャレンジ精神や情熱を失いつつある。

　また、このような労働人口の減少は生産性低下と人件費上昇につながり、企業の競争力を弱体化させ、経済の成長潜在力の低下に

つながりかねない。それだけではない。少子高齢化社会の原因の一つが出生率の減少にあるため、長期的に見れば内需市場の縮小も避けられなくなり、社会全体の活力が落ちるしかない。

　心配なのは、現在の日本社会の姿と未来の韓国社会の姿が大きく変わらないだろうということだ。韓国も出生率の減少、少子高齢化社会に進入、若者失業の増加、社会活力低下など程度が違うだけで、日本と非常に類似した方向に進んでいる。特に出生率の場合 (韓国統計庁)、2018 年の 0.98 で 1.00 を切った後、2019 年の 0.92、2020 年の 0.84、2022 年 0.81 で、2017 年以降 5 年連続で最低値を更新している。韓国も 2019 年から生産可能人口 (15 〜 65 歳) が減り始め、2021 年からは総人口が減り始めている。韓国は日本よりも早いスピードで超高齢社会になっていくだろう。人口が減って労働人口が減少すれば、革新的な技術開発が後押しされない限り、経済成長は鈍化せざるを得ない。ただでさえ厳しい庶民の暮らしがさらに苦しくなるのだ。

　社会の活力を取り戻し、チャレンジ精神と情熱を育てるためには、その原因を逆に分析しながら解決策を講じなければならない。すなわち、出生率低下とかみ合った高齢化社会への進入とそれにともなう多くの社会問題を解決するためには、まず若い夫婦が子供を産もうとしない原因から調べなければならない。さまざまな理由があるだろうが、一番の原因としては経済的な問題が考えられる。2018 年を基準に子供 1 人が生まれて大学を卒業するまでご飯を食べさせ、洋服を買い、教育させるのにかかるお金が平均 3 億 2246 万ウォン (3224 万円) だったそうだ。悲しい現実であるが、貯蓄どころか、借金をして生活を営まなければならない数多くの庶民にとって、子供は大切な自分の血筋である前に、莫大な経済的負担を強いる存在として実感されざるを得ない。

子供のためなら、持っていない家を売ってでも育てるのが韓国の親たちの切ない子供への愛情だが、問題はここで終わらない。大学を出させても、自分の子供がろくな仕事を見つけることができず、依然として貧しさと戦わなければならないなら、親は目を閉じる瞬間まで切なさに涙を流さなければならない。状況がこうだから、一人だけ産んできちんと育てようとしたり、最初から子供なしで暮らそうと決心することになるのだ。

　経営学者が主に使う「戦略的変曲点 (Strategic Inflection Point)」という言葉がある。企業を取り巻く環境が根本的に変わる時点を指す言葉だ。このような時期に企業または国家が正しい判断と決断ができなければ、決定的に淘汰への道に入ることになる。

　変化を事前に感知できず、痛い目を見た事例はいくらでもある。米国の小売流通の神話と呼ばれた K マート (Kmart Corporation) の没落もこのような事例に属する。K マートは 1970 年代にすでに米国全域に 1000 店舗余りを出した最大のディスカウントストアだった。店舗は主要都市の都心に圧倒的な大きさで出店した。しかし、資本をはじめ企業規模で劣勢だったウォルマート (WALMART INCORPORATED) は、K マートとは相反する出店戦略を選択した。

　彼らが注目したのは中小都市と郊外地域だった。ちょうど米国の住居文化が都心から郊外に変わる変化過程にあった。自家用車がある消費者が交通が不便で駐車しにくい都心より、駐車場が広く交通が便利な郊外のディスカウントストアを好むだろうということくらいは誰もが予測できることだった。ウォルマートはこのような優れた予測に加え、果敢に差別化された売場を出店させることで住居文化の変化に適応し、K マートの拠点ともいえる主要都市まで攻略していった。一方、K マートは主要都市の大型ディスカウントストアへの出店戦略を固守しただけでなく、ディスカウントストアの最

大の魅力である価格競争力でも負けていた。結局、2002年には破産申請をするほどの厳しい困難を経験しなければならなかった。

　同じ変化を前に、ウォルマートとKマートの相反する選択は、企業の運命を左右した。今1位だからといって、その企業の前途には黄金色に輝く真っ直ぐな道だけが用意されているわけではない。確かに戦略的変曲点のような曲がり道が現れ、上り坂と下り坂が用意されているだろう。その道を予測しながら運行してこそ事故に会わず、安全に目的地まで行くことができる。

　戦略的変曲点をよく認知し、正しい変化の道を模索できるかどうかによって企業の成敗が決定されるように、国家も国内外の経済の流れをよく感知し、適切な時期に変化するための断固たる決断を下さなければならない。断固たる決断だけが、荒々しい変化の波から国家共同体という艦船を沈没させずに救うことができる。韓国は今、このような戦略的変曲点に立って決定的な変化が起きなければならない時期に来ている。現在、韓国社会のさまざまな問題、すなわち庶民の暮らしを苦しめ、社会の活力を落とし、経済成長の足を引っ張っている根本的な原因を見つけ、一日も早く悪循環の輪を断ち切らなければ、韓国は希望の光を永遠に失うかもしれない。

同伴成長は成長動力創出の新しいパラダイム

　日本が300年にわたって今の発展と成長を成し遂げたとすれば、韓国はたった60年で今の発展と成長を成し遂げた。もちろん、現在の日本は韓国より数十年は先に進んでいるが、朝鮮戦争で焦土化した国土を、短期間でここまで発展させた成果があるだけに、韓国の国民が自らを誇らしく思うのはそれとしていいことだろう。それ

にもかかわらず私が不安を隠せないのは、現在韓国の成長が限界に達しているということを韓国社会のあちらこちらで感知できるためである。

　希望と夢に満ち溢れるべき若者たちは就職に対する不安感で道に迷っており、中年は解雇される不安感で眠れない。また、老人は老後に対する不安感に包まれ、国民の平均寿命が83.5歳まで延びた喜びを享受する心の余裕すらない。企業はどうだろうか。高度経済成長の主体だった大企業は雇用創出能力が弱まった。中小企業もやはり存亡の危機の前で雇用創出どころか、今日社員に支給する賃金を心配しなければならない状況に置かれている。1人当たりの国民所得3万ドル時代という言葉が顔負けするほど、韓国社会のいたるところは現実の苦痛や未来への不安感でゆらゆらと揺れている。

　今の経済パラダイムを破ることができなければ、韓国の経済大国進入の願いは永遠の夢に終わるかもしれない。たとえ経済大国進入に成功したとしても、結局それはいくつかの大企業による、そして大企業のための経済大国になる可能性が高い。しかし、「彼ら」だけのリーグは絶対に長続きしない。酷く傾いた船は転覆してしまうものだ。花がいくら華やかさを誇っていてもその根と茎が腐っていれば、その生命は長く続かないものである。それが韓国という一つの国で生きていく共同体の運命であることを彼らも知らなければならない。

　韓国経済に活力を吹き込み、再びその根と茎を丈夫にして、花の華やかさも守ってくれる新しいパラダイムが、まさに同伴成長である。漢江の奇跡を作り出した開発時代が終わった今、韓国はこれまでの経済を支えてきたいわゆる「不均衡圧縮成長のパラダイム」の呪文から解き放たれなければならない。これらの呪文はすでにとうの昔に有効期限が切れている。1960年代以後、国家経済の人的・

物的資源を人為的に一か所に詰め込み、その部門が全体の成長を主導するようなパラダイムはすでに終末を告げている。

このようなパラダイムがこれ以上韓国経済の指針になれない事実は、1997年の「アジア通貨危機」で明白に立証された。IMFの救済金融以後、経済の構造調整の過程で政府が人為的に資源を一か所に集中させる政策はほとんど消えた。しかし、資源が一か所に集中する傾向はさらに激しくなった。この時から始まった新自由主義的政策基調は、政府ではなく市場メカニズムを通じて資源が一か所に集中し、経済の不均衡と産業の寡占がますます酷くなった。

これからは本当に新しいパラダイムを準備しなければならない。独占の弊害は、溜まった水が腐る結果につながる。一部ではなく全てが、お金持ちだけでなく庶民までも一緒に知恵と力量を集めて成長する同伴成長のパラダイムは選択ではなく、必ず実現しなければならない喫緊の課題である。それが実現できなければ、私たちの未来は期待できるところがない。このままでは遠からず韓国経済で技術革新が死に、競争が死に、家計が死んで結局経済全体が無気力になるだろう。

これから世界市場は米中対立によって大きく変わっていく。米中対立が激しくなって、韓国と米国の経済的連帯がかつてないほど強くなれば、グローバリゼーションが生んだ韓国と中国の緊密な経済関係が簡単に崩壊することはないが、その性格や形は変わっていくと思われる。したがって、韓国はこれ以上大企業主導の輸出志向型成長だけを頼りにしているわけにはいかない。さらに、それが中小企業に一方的に被害が及ぶ価格競争の構図なら、なおさら止揚しなければならない。世界市場で世界的な超優良企業と競争するためには、価格競争力ではなく新しいものを創造する能力、すなわちイノベーションの力量がさらに重要である。ところが、このような創

造的イノベーションの力量は少数の大企業ではなく、むしろ多数の中小企業から発揮される可能性がもっと高いため、同伴成長を通じて彼らの自生力や競争力を育てることで経済強国入りへの扉を開けていかなければならない。

自己中心的な松の木のような財閥、大企業

　私は登山が好きだ。週末にソウル郊外の山に登って松林に出会うと、足を止めてしばらく休んで行ったりする。力強く雄大なその威容も素敵だが、松の木から漂うほのかな松の香りと松葉をかすめる風の音に心を奪われてしまう。しかし、松林の無情な生態を知ってから、なんとなく寂しさも感じるようになった。

　松林の生態は非常に珍しい。他の森にはあらゆる雑草と大小の木々が一緒になって育つが、松の下には草がない。落ちた松葉が茶色のカーペットのように敷かれているだけだ。針のような松葉がぎっしりと地面を覆って空気と日差しが通らない。そんなところでは雑草すら生えず、どんな木でも新芽を出すことができない。

　松にとっては自分の周辺に草木が育つ機会を許さず、土が供給できる栄養素を全て独占してしまうのが最善の生存方法だ。木々は通常、太陽、空気、雨水を競い合って育っていく。しかし、松だけは他の木々や雑草が太陽、空気、雨水を争う機会さえ全く与えない。ライバルの登場を根本的に遮断する松の用意周到さからは弱肉強食

の残酷さすら感じられる。

　財閥系大企業と中小企業の生態系は松林の中の姿に似ている。韓国経済の生態系には、いくつかの大企業だけが松のようにそびえているだけだ。中小企業はまともに育っていない。協力会社が枯死の一歩手前まで追い込まれても、財閥系大企業は技術を横取りしたり、納品単価を引き下げて自己収益を上げることに躊躇しない。このような行動を指摘する度に大企業は、「私たちはただ利潤最大化という市場経済の原理に従っているだけなのに、どこが間違っているのか」という具合に対応してきた。

　「あなたが経済学の教授を長く勤めてきたと言うけど、経済学では誰でも自分の利益を最大化すれば、見えない手によって社会全体の経済的厚生が最大化されると言ってるじゃないか。」

　しかし、そのような考え方は正しくない。経済学で学んだ通りだと信じているだろうが、そのような考え方を持っていたとすれば、それは経済学を間違えて学んだと言うしかない。経済学は、ただ無条件に自分の取り分だけを執拗に求めればいいと教えない。経済学は決してそのようなでたらめな学問ではない。

韓国社会の生態系は果たして公正なのか

　「民主主義に対する私の概念は、その体制では最も弱い者が最も強い者と同じ機会を持つことができるということだ。」

　ガンジー (Mahatma Gandhi) が言った言葉だ。この言葉を経済に適用するならば、「民主化された経済社会は最も弱い者が最も強い者と同じ機会を持つことができるということだ」と解釈できる。

　もちろん、民主化された経済社会が実現するためには、機会だ

けを公正にしてはならない。同じ土地に種をまいても特定の木だけに肥やしを与えて水を与えては決して公正だとは言えない。そのため、その過程でも公正性は保障されなければならない。

　おのおのが自分の利益を最大化すれば、すべてがうまくいくという経済学の理論にも前提条件がある。公正な競争市場に限るということだ。それでは、韓国の大企業と中小企業の生態系は果たして公正なのか。もちろん大企業は中小企業と一緒に同伴成長を頑張っていると話す。にもかかわらず、大企業から悔しい思いをさせられたという中小企業家たちが、私たちの周りにあまりにも多く見られる理由は何だろうか。彼らは不利益を恐れて声もまともに上げない。しかし、やっと聞けた彼らの話には鬱憤が溜まっていた。

　他の木々に新芽を出す機会さえ与えない競争は公正な競争ではない。公正な競争は他の木々と太陽、空気、雨水を争うことでなければならない。松は他の木々が日光と雨水を見物する機会さえ与えない。これは競争ではなく機会を独り占めしようとするだけだ。

　韓国の憲法は「各人の機会を均等に」せよと明記している。機会の均等を前提に各自の能力を最大限に発揮させるようにと書かれている。したがって、機会の均等を妨げる障害要因があれば、除去していくのが憲法の精神にも合う。私が同伴成長委員会の委員長を勤めながら推進した超過利益共有制、中小企業適合業種の選定、同伴成長指数の作成および公表、中小企業の技術水準向上のための努力などは、全て中小企業に成長の機会が満遍なく回るようにすることだった。

　松の香りはもちろん、松林をかすめる風の音もいい。しかし、私たちが望む森は季節ごとにさまざまな花と蝶が鑑賞でき、木の実、キノコ、薬草も採ることができる森だ。昔の韓国は飢饉に陥ると松の皮を剥がして食べたりしたらしいが、松だけが育ったところでは

松の皮以外に剥がして食べるものがない。松の木の下に幼い他の種の木が育たないように、今の大企業の下では中小企業が成長しにくい環境である。それは韓国が公正な競争市場ではないからだ。

　健康でうっそうとした森は松の木だけでは成り立たない。経済も一緒だ。私はよい企業をたくさん育てることが最善の経済政策だと信じている。米国経済が1900年代に入って世界最強になった過程もロックフェラー、カーネギー、フォード、デュポン、GM、ウォルマート、コダック、IBM、マイクロソフト、アマゾン、フェイスブックなど世界屈指の企業が次々と出現したためだった。日本経済も同じだ。トヨタ、ホンダ、ソニー、日本製鉄など世界的企業の成長と日本経済の成長は軌跡を共にしてきた。ただ日本は、このような企業の出現が少なくなると、経済が傾き始めた。米国経済も新しい企業の出現が少なくなれば、同様の困難に直面するだろう。

　企業は公平な機会の中で激しい競争を勝ち抜いて育ってこそ、健康で正しく成長する。また、そのように成長した企業がよい企業であり、よい企業がたくさんあってこそ、その国の経済が発展する。同伴成長は中小企業が中堅企業に成長し、中堅企業が大企業に成長する機会を均等に与え、その過程の公正性も守ろうということだ。韓国経済も中小企業から出発し、世界屈指の企業に成長できるよう機会を与えようということだ。

　しかし、中小企業が中堅企業に成長し、中堅企業が大企業に成長する、活気に満ちた経済生態系がいくらよいと思っても、大企業が道を塞いでいたらとてもそのようにはなれない。具体的に大企業と中小企業の営業利益率を見てみよう。営業利益率は企業が売上に比べて営業利益をどれだけ出しているかを示すもので、企業生産の効率性を示す指標だ。大企業の営業利益率は1990年代の年平均7.9%から2000年代の年平均7.2%、そして2010年から2020年

までは年平均6.3%に低下している。同期間の中小企業の営業利益率も5.0%から4.7%、4.3%に低下した。大企業と中小企業の営業利益率の格差は2.0%ポイント以上である。最近10年間、大企業がおさめた平均営業利益率に比べて協力中小企業、すなわち1次協力企業はその3分の2程度の利益率を示した。2次、3次協力会社の利益率はそれより低かったという。だから成長どころか生存を心配しなければならないのが韓国の中小企業の現実である。

　政府が特定の企業を選定して大企業にまで育てる時代はすでに終わった。しかし、韓国政府はトリクルダウン効果の神話にしがみつき、今までどれだけ大企業に貢いできたことか。そして、その結果はどうだったか。大企業の売上と営業利益は連日史上最高値を更新するという報道が続いた後、中小企業の倒産率と失業率の急増という記事も同時に出ていた。トリクルダウン効果があるなら、すでに上から流れ落ちた水が一番下まで満ちて溢れなければならないが、現実はそうではない。韓国の政府は、いい企業がたくさん出てくるように公平な機会を与え、環境づくりに力を入れるべきだ。大企業も自社だけの利益、目の前の利益だけを守ろうとせず、グローバル企業として韓国経済の全体を見て未来を見通す広い視野と寛大な心を持たなければならない。自分の利潤だけを最大化しようとする悪徳商人の企業ではなく、希望を売って機会を配るビジョンの大企業、韓国国民が愛してやまないグローバル企業に換骨奪胎しなければならない。

　韓国社会にある不公平は、単に経済だけに止まらない。教育・地域・文化など不公平は随所に隠れている。ところが、この不公平を「差別化」という言葉にすり替えて人々を騙して美化する人がいる。不公平なことはひたすら個人の能力が異なるために発生する「結果」だと言う。よい大学に行けない理由は、勉強ができない本人の

能力の問題にすぎないという。

　私はソウル大学の総長を務めていた時、この論理の虚構を一気に破った。「地域均衡選抜制」の校長推薦選考でソウル大学に入学した学生たちは、選抜当時には韓国の大学受験塾の地域として有名な、いわゆる江南区大崎洞 (カンナムグデチドン) の水準にはるかに及ばなかった。しかし、いざ勉強が思う存分できて、良質の授業が受けられる環境を提供すると、その結果はどうなったか。彼らの学業成就度は大学受験の一般選考 (日本のセンター試験) で入学した学生より高かった。

　不公正性は結局、規則の問題だ。一緒に競争するためには、少なくとも皆に与えられた規則は皆が耐えなければならない。そうしてこそ、その規則は公正になる。無条件に同じスタートラインに立たせて同時に走れというのは公正な規定ではないと私は思う。普段から栄養のある食べ物を食べて専属のコーチから訓練を受けた選手と、ラーメンで食事を済ましてちゃんとした訓練も受けていない選手が同じスタートラインに並んで立ったからといって公正だと言えるのか。1986 年のソウルアジア大会で 3 冠に輝いた林春愛 (イム・チュンエ) 選手のように牛乳も飲めずラーメンだけで食事を済ませながら金メダルを獲ったことを、私たちは奇跡だと言う。そうだ。あれは奇跡だった。ところが奇跡はごく稀に起こることだ。それなら 99% の国民に希少性を、奇跡を望むことは辻褄が合わない。韓国社会の大多数には希少性の法則ではなく、普遍性と常識が適用されなければならない。

希望を失った人々

　政治家たちや専門家たちが知らなかっただけで、いつからか韓国国民は同伴成長の必要性をすでに心の底から感じている。それだけ韓国国民は現在の独走と独占体制に希望を失って生きてきたということだった。

　「商売がうまくいかなくて死にそうです。」

　「大学の授業料のために借りていたお金を返さなければと思うと、目の前が真っ暗になります。」

　「就活している最中で内定をもらう前なのに、すでに債務不履行者です。」

　人に劣らず、本当に一生懸命に全力を尽くして生きてきたのに、結果は望んでいたものではなかった。ところが、政治家たちは彼らの手を握って写真を撮るイベントに熱中し、専門家たちは庶民が共感できない予測ばかりしている。

　私が大学に通っていた時代は、私たちの親世代は農作業をしたり、市場で商売をしたりして、3、4人もの子供たちを育てていた。私も

やはり幼い時代を7人家族が四畳半一間の部屋で眠らなければならないほど貧しく過ごした。父が亡くなると、母は仕事がきつくても子供たちを食べさせ着させ勉強させた。腰を伸ばす暇もなくきつい仕事をしなければならなかったが、希望があったからこそ母は笑うことができた。しかし、いつからか韓国社会には希望の光が消え、絶望の溜め息でいっぱいになった。市場で魚を売って子供たちを大学まで行かせたという話は、もはやニュースでしか見られないほど珍しい話になった。以前より今の両親が子供に対する愛情が減ったとか献身の深さが減ったわけではない。貯蓄ではなく貸出利子を返済するために銀行に出入りしなければならない厳しい生活のため、子供の大学の授業料まで気を使う余力がない。

　希望を失ったのは親だけではない。バイトを並行して大学の勉強をやっと終えたが、就職の敷居は高く、念入りに準備した翼を広げる機会さえ得られない。若者たちに「一生懸命に努力すれば成功できる」「やればできる」という言葉は、親世代が聞かせてくれた遠い昔の伝説にすぎない。

　「いくらやっても私はだめだ。」

　不安と苦しみは挑戦より放棄を先に教えてくれる。

　「だめな奴はだめだ。」

　自己否定感がますます多くの若者の心を侵食し、この国の未来までも食い荒らしている。若者が希望を失った社会には未来がない。自分の意志と力ではいかなる挑戦もできないという挫折感は、この社会を死んだ社会にしてしまう。挑戦しても越えられない壁があると考える若者たちには、機会さえ簡単に与えてくれない。かつて、何もない野原に造船所を建てたいと亀甲船が描かれた韓国の紙幣を持って英国に駆けつけ、お金を貸してほしいと迫ったその覇気をこれ以上見つけることができない。

大企業の会社員、公務員、医者のようないくつかの安定した職業でなければ、参入すらできないほど不安感に満ちた社会では希望は見つけられない。希望どころか、わずかな生存機会でも逃さないために、韓国の若者と青少年はそれこそ凄絶な競争に飛び込んでいる。そのため OECD 国家の中で自分を最も不幸だと考える青少年がまさに韓国の青少年だ。それだけではない。OECD 国家の中で最も高い自殺率を 2005 年から 2017 年まで 13 年間連続記録していたのもまさに韓国だった。2018 年 2 位になったのも開発途上国のリトアニアが新しく OECD に入ったためであって、2021 年、10 万人当たり自殺者は韓国が 23.5 人で、米国の 14.5 人、日本の 14.7 人を大きく上回っている。

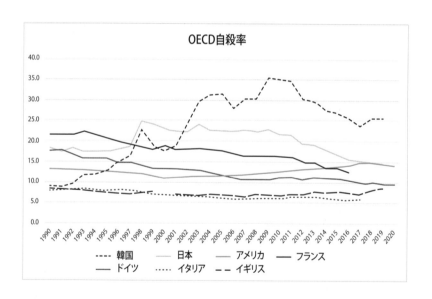

経済権力の不当な行使は反発を招く

　自由意志を備えた人なら、誰でも自分の未来を自ら決めることを望む。それは人間の本性だ。自分の未来が自分の意志と努力ではなく外部の力で決定されると感じた瞬間、その人は罠に落ちたような感情、束縛されているという感情を持つようになる。これがまさにバールーフ・デ・スピノザの「人間の絆 (Human Bondage)」だ。自殺率１位、幸福指数最下位、老人自殺率と離婚率増加など、韓国社会の随所についた赤信号を見ても、今多くの人が希望より絶望を胸に抱いて生きていることがわかる。

　「できる限りの努力を尽くしたのに、状況がよくならず、将来に対する希望もこれ以上持てない。」

　彼らの声は世の中に対する叫びでもある。満足できない自画像は、自分のせいではなく、他人のせいであって外部的要因のせいだと見ている。

　スピノザが言ったように、私の不幸が外部からの影響だということに気づいた瞬間、そして私の力ではその不幸に打ち勝つことができないと思った瞬間、人間はくびきをはめられたと感じ、自分の運命は自分で決める自由を失ったような挫折感を感じるようになる。その人の次の反応は束縛から解放されたいという熱望だ。実際、人類史上すべての革命の最初の動機は「解放」だった。

　今日、数多くの人々が「いくら努力しても私の夢は叶わないだろう」という絶望感を抱いているという事実は単に一個人の心の中だけに留まらない。これは世の中をひっくり返すことができる莫大な爆発力を持つ力に発展するかもしれない。「一つの火種が広野を燃やす」という格言は決して虚言ではない。したがって、今韓国の国民が感じている絶望感を決して軽く見過ごしてはならない非常に重大な問題だ。私はこのような国民の意識変化の流れから、歴史の

巨大な方向転換という意味を読んでいる。

アレクシ・ド・トクヴィルの言葉のように、権力は一人からますます多くの人に拡散する過程を踏んできた。歴史の大きな流れは、いかなる力も少数に集中することを嫌う。トクヴィルの言葉通り、権力・財産・知識などを少数が独占することなく、万人が享受できることは神の摂理とそれほど違わないと言えよう。いくら濃い煙でも結局立ち上って宙に広がり消えるように、政治権力であれ、知識であれ、経済力であれ、権力が拡散するのは自然法則のようだ。

政治権力の拡散過程を見ると、東洋と西洋を問わず長い間君主一人だけに集中していた。そうするうちに中世以降、貴族または官僚という少数の集団に広がった。近世を越えて現代に入って政治権力は財産の多い男性から、すべての男性に、そしてすべての女性にまで与えられ、結局すべての人へ平等に広がった。もちろんそうでない国もまだ存在するが、少なくとも民主国家はそうだった。政治権力がすべての人に拡散する過程で、政治権力の世襲は北朝鮮を除けば地球上ですべて消えたと言える。

知識も一緒だ。最初はごく少数の学者が知識を独占してきたが、大学のような教育機関が作られ、知識人の範囲がさらに広くなった。次に大衆教育を通じて多くの人に広まった。知識の拡散は制度変化と技術進歩によって行われた。最近は IT 技術の発達により促進された。インターネットの海では誰でもクリック一回で欲しい情報をいくらでも得ることができる。デジタル時代では情報の独占が問題ではなく、情報の洪水が問題であるほど知識が溢れている。経済力も先に述べた政治権力や知識と似たような過程を経てきた。かつては経済力も政治権力に含まれ、長い間一人だけに集中していた。そうするうちに結局、今日の経済力はすべての人に広がっていく過程を辿っている。しかし、政治権力より、そして知識よりも経済力が

まだ不平等に拡散されている。その上、経済力は放っておけば少数に再び集中し直す傾向さえ見せている。

　にもかかわらず、人々は政治権力の集中より経済力の集中に対してはるかに寛大だ。例えば、政治権力の世襲は決死の覚悟で猛反対するが、富の世襲については、それが合法な手続きによるものであるかぎり、ほとんど構わない。また、合法な過程を経ていれば、金持ちがどのようにお金を稼ごうが、稼いだお金で贅沢をしようが慈善事業に使おうが、極端な話しではあるが土地に埋めても基本的には全然構わない。

　「お金持ちが同僚の市民に暴君のように政治的影響力を振り回すよりは、自分の財産に暴君のように振舞うように放っておいた方がいい。」

　ケインズが『一般理論』で言った言葉だ。資本主義社会で自分のお金を自分の好きなように使う権利があるということは基本常識だ。その結果、全世界で政治的王朝は北朝鮮を除いてすべて消えたが、「経済的王朝」は私たちの周辺にも多く生き残っている。

　しかし、お金持ちが自分の財産を利用して他人の生活に影響力を、それも不当な影響力を振り回すなら、いくら資本主義社会でも話は違ってくる。それはまるで過去の歴史で権力者が権力のない人々の生活に制約を加えることに、権力のない人々が拒否したのと一緒だ。人々が経済力集中に何の関心がなくても、経済的自由の抑圧が度を過ぎれば、それはまるで権力者の政治権力が自分の体の自由を拘束することに対して反発するのと同じような反発を引き起こすことになる。

　それが政治権力の直接的な影響であれ、経済力を利用した間接的な影響であれ、自分の人生が不当に影響を受けると考えれば、人々は皆そこから抜け出したいと願うものだ。これはほとんど動物的本

能のようだ。過去、平民が王政と貴族の圧制から解放されたがっていたように、現在、お金のある人々がお金のない人々の生活を制約していると感じ始めれば、貧しい人々はそこから抜け出したいという強い欲望を持つようになる。

　私はまさにそのようなことが今韓国で起きていると判断する。今まで人々は押し並べてこのような事実をよく認識できなかった。なぜなら人々は経済力と政治権力という2つの形態の権力を別物として扱ってきたためだった。そうするうちに集中した経済力が自分たちの人生に影響を及ぼすことに気づいた後から、人々は経済力の集中と政治権力の集中を別々に扱わなければならない理由が果たして何なのか疑問を抱くようになった。

　近年財閥に対する韓国国民の認識が非常に悪くなった理由は何だろうか。財閥が自分たちの経済的権力を利用してお金のない人々の人生に不当な影響を与えていると考え始めたという話ではないだろうか。

路地商圏まで進出した大企業

　「いとこが土地を買えばお腹が痛い」のが人の自然な心理だというが、誰かをただのお金持ちだという理由だけで無闇に憎んで妬む薄情な人はそれほど多くない。実際、お金持ちの中にはビル・ゲイツやウォーレン・バフェットのように尊敬される人も多いではないか。韓国社会で激しく巻き起こっている反財閥の感情も同じだ。財閥が世界市場に出てグローバル競争を勝ち抜いて大金を稼いでくることに文句をつける人は一人もいない。国民が憤る理由は別のところにある。彼らが路地商圏を殺して、その跡地に財閥系列の大型ディス

カウントストアを建て、地域経済をめちゃくちゃにしたのはもちろん、相続贈与税を払わないように悪知恵を使い2世、3世に仕事を集中させたり、中小企業ができる領域にまで入って機会を奪ったり、協力企業に正当な分け前を与えないまま生死与奪権を振り回したりするなど、この社会の恐ろしい権力者として君臨しているためだ。

　大企業が路地商圏まで侵犯するのは商道徳に反する恥知らずな行為である。それよりさらに深刻なのは、韓国経済の生態系を破壊し、庶民の暮らしまで脅かすということだ。統計庁が2012年6月に発表した雇用動向資料によれば、韓国の自営業者は経済活動人口の28.6%に達する718万人だった。これには実際の自営業者583万人余りと報酬を受けずに仕事を手伝う家族135万人余りが含まれている。2021年8月の同資料によれば、経済活動人口の23.9%、661万人に減っている。コロナ禍の中で少し減っているものの、経済活動人口の4人に1人が依然として自営業者であるわけだ。人口4人のうち1人が自営業者であるのはOECD加盟国の中でも6番目に高い割合だという。日本、米国、ドイツなどの先進国はかなり低い割合を示している。韓国はいったいなぜこんなに自営業者が多いのか。その理由は単純だ。働き口が足りないから店でも開いて食べていけるようにしようということだ。それだけ生存競争が激しいので借金をしてでも小さな店を開いたが、その店まで大企業に押し出されてしまえば自営業者たちはこれ以上行き場がない。

　韓国の司法年鑑によれば、アジア通貨危機以降、個人再生申請の件数が毎年増加し、2011年には22,760件だったが、2014年には105,885件になったという。韓国史上初めて10万件を越えたわけであるが、彼らのほとんどは自営業者だろう。同じ個人再生申請が2016年には100,096件、2021年には86,553件になって

いることから、2014年以降個人再生申請が少しずつ減少していることは幸いである。

　一方、統計庁の資料によれば、2004年から2008年まで小規模事業体は年平均で61万社が開業した。しかし、そのうち半分をやや上回る32万社が廃業したという。2019年基準、創業して1年以内に廃業する自営業者の割合が57%、2年以内に廃業する者が80%に達する。残りの20%のうち、5年を超える自営業者は指で数えるほどである。これはただそれぞれの自営業者の商売の実力や事業の力量が足りないから、このような現象が起きたのだろうか。もちろんそのような自己責任のところが全くないとは言えない。個人の努力や企業の努力が足りなかったとも言える。

　しかし、このような厳しい現状が長年続いていることは、韓国経済の構造的な問題でもあると言えないか。そもそも私は、ビル・ゲイツやウォーレン・バフェット、そしてイーロン・マスクが町の路地商圏に進出したという話を聞いたことがない。彼らが路地商圏まで狙わなかったのは米国政府の規制や統制が理由だろうか。そうではない。彼らはそれが常識だと思っているため、町の路地のお金まで欲しがって手を出さなかったのだ。韓国の財閥やお金持ちの姿とは全く違うのである。財閥が路地商圏にまで進出して自営業の没落をもたらすこの状況を放っておけば、たくさんの人が路頭に迷うことになる。そうなれば、韓国経済の生態系は疲弊し破壊されかねず、そのすべての負担は1997年のアジア通貨危機よりもっと深刻な危機をもたらすことも十分考えられる。

　他人の家の蔵に米俵が積まれようが、大判小判が積まれようが、私が関与するところではない。しかし、その米俵や大判小判が私から奪ったものなら、話は変わる。さらに、それが私にたった一つ残っていたものだったとすれば、単純な悔しさを越えて怒りが沸き上

がってくることになる。競争力で勝負を決めろというが、そもそも体格の大きさから違う相手と公正なゲームができるはずがない。客は次第に減り、借金は増える一方になって、結局は慣れ親しんだお店を閉めて転業するしかない。

　このような国民の溜め息や涙が集まって財閥に対する反感になり、怒りになる。そして、このような反感と怒りの対象は財閥だけにとどまらない。私の家族と隣人のものを奪って図体が大きくなっていく財閥を傍観し、協力した政府や政治家に対する不信につながる。したがって、この問題は決して適当に覆い隠してはならないということを明確に認識しなければならない。この場合、社会の安定のためにも政府は当然この問題に取り組まなければならない。そうしてこそ、政府は国民が委任した役割をきちんと果たすことになる。

共に成長できるという共感が必要だ

　この問題に対する解決策の出発点が、すなわち同伴成長だ。そして同伴成長は大企業が危機に直面した時、危機脱出の解決策でもある。高級自動車を作り出すロールスロイスは1904年から世界最高級自動車の代名詞として名を馳せてきた。しかし、2003年にロールスロイスも結局、ドイツのBMWに売却される危機に直面しなければならなかった。

　売却されたロールスロイスは、経営危機を克服する案を講じなければならなかった。その方案を用意するためにロールスロイスの経営陣が思案を巡らせて工夫したのが二つある。一つは新しい成長動力で、もう一つは協力会社との関係だった。ロールスロイスは新成長動力として航空機エンジンを共同で開発する計画を用意した。

そして協力会社には、新たに開発される航空機エンジンの販売収益の一部を分ける利益共有制を提案した。

ロールスロイスの新しい事業と利益共有制は成功した。なんと10億ドルに達する開発費を協力会社と分けて負担したロールスロイスは、新しい航空機エンジンを作り出した。そして今は世界屈指の航空機エンジンメーカーに成長した。当然、協力会社も自分たちが負担した開発費の分だけでなく、エンジン販売利益まで得ることができる。これこそ共生であり同伴成長であろう。

ロールスロイスの協力会社がただ納品して代金だけを受け取る関係であり、その代金さえも適正価格を受け取れなかったとすればロールスロイスの成功は不可能だっただろう。ロールスロイスと協力会社は、互いに同伴成長をしなければならない理由を共有し、そのおかげで成功できるという確信に共感して、手を取り合った。米国の女優メリル・ストリープが言ったように「人間が授かった大いなる才能、それは共感できるという事実だ」。韓国社会も片方が一方的に被害を受けなければならない状況から抜け出し、共に成長できるという共感が必要だ。そして、この共感の手は弱者である中小企業や自営業者ではなく、大企業が先に差し出さなければならない。

同伴成長を単純に財閥系大企業が天文学的な収益を上げるのを見て、ねたましくなったからいう話として聞いてもらっては困る。財閥系大企業が納品単価を引き下げることを徹底的に防ぎ、中小企業適合業種に選定された分野だけでも財閥の進入を制限して、中小企業に成長の機会を保障しようということだ。私の家族と私の隣人の大切な生活の基盤が奪われることを防ごうということだ。そうすることで健康な経済の生態系を作っておけば、ロールスロイスの事例のように、いつか大企業が危機に直面した時、同伴成長で危機脱出の糸口を見つけることができる。

灰色時代の暗雲を吹き飛ばせ

　一寸先は闇という言葉がある。私たちは明日どころか、ほんの少し先のことすらも何が起こるか、まったくわからない。しかし、灰色の黒雲が空を覆い尽くしている暗闇の中を歩きながらも、人間は技術を開発し、文明を発展させ、悠久の歴史を作ってきた。それでこそ人間は偉大である。

　未来の不確実性は、人間に希望よりは不安感をさらに大きく与える。未来の本質は「知らない」ということなので、何がどのように展開されるか正確に見通せる人は誰もいないためだ。にもかかわらず、人間は未来のために投資し、研究し、開発する。不安で不確実な未来だが「努力」を通じて希望と確信をより多く感じるためだ。

　未来の不確実性を克服しようとする人間の努力は大きく二つに区分できる。一つ目は「未来予測」だ。我々は東西古今を問わず、将来を予測しようとするさまざまな努力と試みを行ってきた。神様や仏様のような絶対者の能力に頼って未来を予測しようとする多様な占星術から、科学や哲学など多彩な学問的根拠を土台に未来を予

測しようとする試みが今まで続いている。

　「未来予測」以外に未来の不確実性を克服しようとする人間のさらなる努力のもうひとつは「未来に積極的に対応」することだ。人間はさまざまな努力を積み重ねて未来予測の精度を高めようとするが、本当に重要なのはそのような予測を土台にどれほど積極的に対応できるかだ。多くの時間、人材、多様な資料と技術力、そして莫大な費用を甘受してまで未来を予測しようとするのは、単に知りたいという欲望を満たすためのものではなく、特定組織、地域、国家などが近づく外部の環境変化に積極的に対応するためだ。

　今、韓国は「未来」という未知の領域に対する不確実性と共に、急激な内外的変化による不確実性まで加重された状況に置かれている。つまり現在韓国は、気候変動および化石燃料の枯渇展望に伴う不確実性、朝鮮半島の地政学的不確実性、米中対立をはじめとする世界経済からの不確実性、そして韓国を巡る三つの大国、すなわち米国・中国・日本からの不確実性、ウクライナ戦争による不確実性、国内経済の不確実性など、過去には見られなかった多様な不確実性の中に置かれている。

　灰色の雲を吹き飛ばすためには、灰色の雲の正体を正しく知るべきだ。小さくは個人から大きくは企業、社会、国家のような共同体の領域まで未来を予測し、対応戦略を駆使しなければならない。そのためには、我々を取り巻く数多い領域の不確実性について正確に知る必要がある。

不確実性の時代だ

気候変動や化石燃料の枯渇展望による不確実性

　気候変動で韓国だけでなく世界各地で人々が苦しんでいる。地球温暖化で生態系に変化が生じているだけでなく、日照りや洪水などの自然災害も絶えない。ところが、このような気候変動が果たして人間の環境破壊によるものなのか、それとも地球自体の巨大な周期的変化のためなのかについては、科学者の間でも議論が絶えない。

　原因が正確に究明されていないからといって、何の対策も立てずに手をこまねいていては、巨大な自然の力になす術もなくやられてしまう。まず、地球環境を保護するために人間ができることをしていかなければならない。このため、すでに多くの国で意味のある政策が推進され始めた。このような政策推進は韓国経済にも大きな影響を及ぼすことになるだろう。例えば、炭素排出量を減らすための先進国の規制強化は、自動車をはじめとする韓国の主要輸出商品に大きな影響を与えることになると予想される。すでに関連企業はそのような高い規制水準を通過するために技術水準を高めなければならない状況に直面している。

　地球環境を保護するために誕生した電気自動車、風力発電、太陽光発電のようなグリーン産業は現在、世界経済をリードする新しい主導的産業として登場している。かつて、米カリフォルニアのシリコンバレーはIT産業の本場だったが、すでに2010年前後からグリーンエネルギーを開発するためのスタートアップ、ベンチャーブームが起きている。米国だけでなく、韓国もグリーン産業を育成し、これを韓国経済の新たな成長動力に発展させるため、政策的な努力を惜しまない。

　グリーン産業は環境保護の次元だけでなく、国家戦略の次元でも私たちが非常に重要に考えなければならない問題だ。石油をはじ

め化石燃料が枯渇し始めたためだ。すでに 2007 年と 2008 年には
原油を代替するための天然エネルギーの一つとして豆から油を引き
出す試みが積極的に進められた。大豆の栽培面積は増えたものの、
膨大な規模の大豆を食用ではなく代替燃料として利用するため、大
豆の国際相場が大幅に上昇し、世界的に大豆だけでなく、大豆の代
替材に属する穀物価格まで大幅に値上がりした。この一例だけを見
ても、今後原油に代わる新しいエネルギー源が安定的に開発される
まで新しい実験が続くと容易に予想され、それに伴い経済のさまざ
まな側面が影響を受けることになるだろう。

　気候変動と原油など化石燃料の枯渇という二つの要因が結合し、
グリーン産業は今後各国の産業発展方向と消費者の生活方式を変え
るだろう。ところが問題は、そのようなグリーン産業が果たしてど
れほど成功するのかという点だ。成功の程度は技術水準、市場規模、
消費者生活の利便性などいろいろな要因で決まるだろう。つまり、
大規模な投資をしてもいくらでも失敗する可能性があることを念頭
に置かなければならない。このように私たちが進むべき方向は皆が
知っている。しかし、さまざまな代案のうち、どれがどのぐらい成
功するかはまだわからない。

　私はこれについて悲観しない。30 〜 40 年前にも化石燃料の枯
渇に対する危機感があった。もちろん当時は最近のように気候変動
または環境保護に対する認識が高くはなかった。しかし 1973 年の
第 1 次オイルショックと 1979 年の第 2 次オイルショックが発生
し、原油価格が暴騰すると、今後 30 年後の 2000 年代になれば原
油が枯渇するという憂鬱な展望が出た。また、原油が枯渇すれば、
米国のダコタ州をはじめ砂漠地帯に砂の形で存在する原油から油を
抽出する方法が残っているという事実も、その時広く知られること
になった。

当時、はるかに遠い未来と思われた 2000 年代が、今はすでに 20 年も過ぎた過去になった。幸いにもまだ原油は枯渇していない。原油枯渇の危険に対する対策として原油を節約する技術が多く開発され、新しい油田も多く発掘されたためだ。私は今も環境保護と化石燃料の枯渇に備えるため、グリーン産業の成長案を世界各国から打ち出しているので、今回も十分に成功するだろうと思う。ただ、その過程で避けられないのは、私たちがまだ知らない多くの不確実性を通過しなければならないという点だ。

朝鮮半島の地政学的不確実性

　1990 年にドイツが統一されて以来、韓国は現在唯一の分断国家として残っている。分断の痛みは離散家族の痛みだけに止まらない。真っ二つになった朝鮮半島は、激変の時代から力を一つに集めるどころか、周囲を取り巻く強大国の間に挟まれ、生存を模索しなければならなかった。さらに、北朝鮮の不安定な情勢と核開発の問題は、ただでさえ不安な国際情勢の中で朝鮮半島の地政学的危機を煽っている。

　北朝鮮の現代史では世界に類を見ない 3 代の世襲が行われた。中世封建時代でもないのに、3 代にわたって世襲が行われたことにはあきれるしかない。しかし、これよりさらに懸念されるのは、3 代につながる権力継承の過程が不安だということだ。過去の金正日（キム・ジョンイル）が金日成（キム・イルソン）から権力を世襲した過程と比較した時、金正恩（キム・ジョンウン）の世襲過程は非常に短い期間で進められた。金正日は比較的末端から始まり、徐々に後継者の授業を受け、約 20 年にわたって権力基盤を固めた。彼が対外的に権力の頂点に立った時は年齢も中年を超えていた。当時の北朝鮮は経済危機に食糧危機まで重なり、とても危ういと言われ

ていたが、体制の安定性は強固に見えた。

　しかし、金正恩は最初から高位職から出発し、後継者としての修行期間も2、3年しかなかったらしい。経歴も不足している上に、若くして最高指導者になったため、体制の結束力や忠誠度に問題が生じる蓋然性は非常に高い。それだけ体制の不安が露出しやすく、朝鮮半島の情勢までも不安になる確率はますます高くなっていくという意味だ。

　北朝鮮の核開発問題が発生するたびに、韓国経済に対する国家信用格付は揺れた。再び朝鮮半島をめぐる情勢が尋常でなくなれば、海外投資家の撤退をはじめ、経済全般に悪影響が生じざるを得ない。北朝鮮の不安定で非正常的な権力世襲から始まった朝鮮半島の危機は、依然として解決されていない北朝鮮の核問題とあいまって、地政学的危機をさらに増大させる恐れがある。ところが今、南北関係は行き詰まっている。2008年に韓国の女性観光客が北朝鮮によって射殺された金剛山観光客射殺事件や、2010年に韓国の天安艦が北朝鮮の魚雷攻撃で撃沈された韓国哨戒艦撃沈事件など、さまざまな葛藤が解消されないまま、核開発だけが進んでいた。文在寅前大統領は北朝鮮との対話に積極的に取り込み、2018年にトランプ大統領と金正恩の史上初の米朝首脳会談をシンガポールで開催させることができた。南北や米朝の対話を活性化させたという点では一定の評価をしているが、北朝鮮の非核化をいつまでに、どうやって実現するのか具体策を示せなかったところは失敗だったと言わざるを得ない。このような中、北朝鮮に対する中国の影響力は日増しに大きくなっている。

　中国の「東北工程」は単に過去の歴史を中国中心に解釈するものではない。北朝鮮の経済に対する中国の支配力は、すでにさまざまな経済開発地区の開発権を獲得することをはじめ、相当進められ

ている。このように朝鮮半島に対する中国の支配力の強化を米国、日本、ロシアなど関連諸国が黙って見ているはずがない。北朝鮮情勢の不確実性の拡大は、韓国経済だけでなく、韓国の長期的進路を決める分岐点になり得る非常に重要な問題だ。

世界経済の不確実性

2008 年のグローバル金融危機以降、国家間の経済力の移動が加速化している。第 2 次世界大戦以後、世界経済をリードしてきた米国中心の経済パラダイムも深刻な挑戦を受けている。このような経済力の移動が持続する時、世界経済の秩序も大きな影響を受けることになる。やがて 2019 年のトランプ政権下ではじまった米中貿易戦争からその過程は一般大衆に広く知られ、2021 年 3 月にバイデン米大統領が「中国は唯一の競争相手」と明言したことで、米中の対立は激しさを増している。グローバル金融危機を「100 年ぶりの津波」と表現した人がいたように、今のような世界経済秩序の変化の兆しも、100 年ぶりに初めて目にする一大事件であることは明らかだ。それだけに、韓国経済は適切な分析と予測を基盤に国家的対応戦略を模索しなければならない。

米国の不確実性

米国経済が順調に回復できず、米国市民の忍耐力が底をついたら、米国経済からさらなる不確実性が浮き彫りになりかねない。米国はもともとプロテスタントたちが建てた国で、米国人は他の国では見当たらないほど原則主義者たちだ。自分たちが正しいと信じることに対しては、「長いものには巻かれろ」とか「人と屏風はすぐには立たず」というふうに妥協することはない。このような米国人の特性は、国際社会から傲慢または意地っ張りと受け止められやす

い。にもかかわらず、米国が正しいと信じる方向に政策を推進する
だけの力がある時は、それが通じた。しかし、今や彼らはそうする
だけの指導力を多くの部分で失っている。

　米国人の二番目の特徴は、非常に実利的で現実的だという点だ。
米国は移民者で構成された国だ。自分が生まれた故郷を後にして新
しい人生を探し出すことは容易なことではない。非常に実利的で現
実的でなければ、気軽に選ぶことはできない。したがって、米国は
時々名分を捨てて、非常に現実的な方向に政策を急変できる国だ。
上述した原則主義的な気質と実利的な気質のため、米国の政策も歴
史的に見ると膨張と孤立を時計の振り子のように繰り返した。

　オバマが大統領に当選した時、米国人は固定観念を捨て、非常
に創造的な選択をした。崩壊した経済を立て直すには時間がかかる
し、多くの苦痛が伴わなければならないことだった。ところが当時
の米国人は忍耐力を失いつつあった。米国人が忍耐力を失ってしま
えば、米国の政策もいつでも自国の利益を最大化する方向に急変す
る恐れがある。その場合、米国の政策は他国の政策と摩擦をもたら
すことになるだろう。そうすれば、韓国のように規模の小さい経済
は動揺せざるを得なかった。やがて 2017 年にトランプが米大統領
に選ばれた。トランプの経済政策はいわゆる「米国第一主義」で、
これまで交渉を積み上げてきた TTP から離脱したり、米国以外に
工場を新設する企業を厳しく批判したり、中国鉄鋼メーカーに強硬
姿勢で臨んだり、それは明らかに米国の利益を優先するものだった。
その結果、米国の貿易赤字は大幅に減少し、米国の失業率も歴史的
に改善できた。一方で、米国を相手に貿易で稼いできた韓国や日本、
そして中国にとってはマイナスだった。しかしながら、米国経済の
「伸びしろ」は賃金と物価の上昇や、コロナ禍によって相殺されて
いる。とにかく、米国人の気質や彼らの歴史から見ると、米国の不
確実性は我々が注意深く注視しなければならない部分だ。

中国の不確実性

　米国の不確実性よりもっと大きく見えるのは中国の不確実性だ。40年前、中国は経済的に貧しい国だったが、その後、膨大な成長を遂げ、北東アジアはもとより、世界経済や国際政治秩序の絵を塗り替えてきた。問題は、中国という国が自分の声を加減なく上げているという点だ。そして、中国の声の内容が人類の普遍的価値を志向し、世界と地域の平和を追求するのではなく、自国の栄光を追求する非常に国家主義的だという点にある。

　中国は清朝末期以降、日中戦争と太平洋戦争を経る過程で英国に香港を、オランダにマカオを、日本に台湾を奪われ、不平等条約によってロシアに領土を渡さなければならない屈辱を受けた。しかし、今の中国はその時の屈辱を洗い流し、過去の清朝の全盛期の領土を回復しようというのが国家の最優先順位のアジェンダだ。ひいては朝鮮半島と東南アジア全域、中央アジアの相当な部分を網羅する勢力圏を形成するというのがその次のアジェンダである。その勢力圏に朝鮮半島の全域が入っているという点が私たちを緊張させている。

　中国の国家主義的な気質は今後、中国の経済力が強くなるほど一層強化されるだろう。言葉では平和に台頭するという意味の「和平崛起(わへいくっき)」を掲げているが、今中国がそうしていると考える人は誰もいない。経済力を蓄積したから、これからはその力を経済的側面だけでなく政治・外交・安保・軍事の側面でも遺憾なく振り回したいというのが今の中国の姿だ。東北工程だけを見ても、「和平崛起」という言葉の裏に隠れている中国の本音が自ずとわかるのではないか。

　中国の昔の聖賢たちは、覇道政治よりは王道政治がよいと力説してきたが、今の中国は王道国家というよりは覇道国家に近い。今

から約22年前の2000年に韓国と中国の間でニンニク紛争が起き
た。2000年6月のニンニク紛争は、中国産の冷凍ニンニクと酢漬
けニンニクの関税率を、従来の30％から10倍以上の315％に引
き上げたことから始まった。金大中政府が安価な中国産ニンニクか
ら韓国の農民を保護するために取った措置だったが、当時世界のニ
ンニクの生産量の75％程度を占めていた中国は、突然の大幅な関
税引き上げ措置に強く反発した。山東省の農民が自殺した事件も、
中国政府の態度を強硬にする契機になった。中国は韓国の携帯電話
とポリエチレンの輸入を暫定的に中断するという報復措置を発表し
た。結局、韓国側が関税率をほぼ従来通りに引き下げ、中国側も携
帯電話の輸入中断措置を解除したことで、ニンニク紛争は終わった。
中国は購買力を前面に出して一気に韓国を屈服させ、結局、韓国が
白旗を振ってしまった事件である。

　2018年のサードミサイル (THAAD、高高度防衛ミサイル) の配
備問題はもっと酷かった。当時、韓国のロッテグループはサードミ

＜サードミサイル＞

サイルを配備する場所として、ゴルフ場を韓国政府に提供した。サードミサイルは北朝鮮の核ミサイル攻撃からの防衛を目的としたものである。しかし、中国共産党の環球時報は「地域の戦略バランス」を損なう脅威とみなして、「ロッテグループの中国市場における発展に終止符を打つべきだ」と批判した。実際、中国当局は中国に進出していたディスカウントストア「ロッテマート」の店舗に対し、消防安全調査などの措置を一斉に開始した。中国本土のロッテマート99店舗のうち74店舗が消防法違反を理由に営業停止を命じられ、13店舗が自主的に営業停止した。中国市場に積極的に投資しているロッテにとって、中国による経済報復は大きな痛手となった。ロッテの事例は中国で政治的な問題に直面した多国籍企業のリスクを浮き彫りにしている。

　中国の経済報復は韓国だけの問題ではない。ニンニク紛争から10年後の2010年9月、中国は日本の尖閣諸島の紛争でも、レアアース（希土類）の日本への輸出中断という経済報復を強行して、日本に拿捕された自国の船長を送還させた。ハイテク製品の重要な原料であるレアアースは希少資源で、日本は中国からの輸入に全面的に依存しているため、白旗を上げるしかなかった。

　さらに、中国は世界各国の人々からG2の地位に上ったと言われるや否や、北朝鮮側という立場を韓国哨戒艦撃沈事件（天安沈没事件）を契機に再確認させた。数年前から着実に進めている東北工程はもちろん、朝鮮戦争当時、北朝鮮人民軍を助け、自由民主主義の南北統一を挫折させたことを正義の戦争だったと政府レベルで公表した。世界経済の新たな強者として浮上した中国が、このように韓国にとって大きな不確実性として迫っている。

　米国との為替問題でも、中国は巨大な市場と莫大な購買力を武器に、米国と妥協せずにいる。さらに、米国の国債を最も多く保有

している国がまさに中国だ。それほど中国はもはや「紙の虎」ではない。まるで春秋戦国時代に中原を次々と占領していく覇権国家の戦争日誌を見ているようだ。

　特に、中国の経常収支黒字の問題は深刻に見なければならない。コロナ以前の中国は経常収支において莫大な黒字を出しており、外貨保有高は恐ろしいスピードで増えていた。過去 20 年間、中国は莫大な外貨保有高をもとに米国の国債を買い入れた。その結果、米国経済は GDP の 5 ～ 6% に達する経常収支赤字を資本収支黒字で埋めることができた。中国から低価格製品が大量に輸入されたため、米国経済は金利を低い水準に維持してもインフレが発生しなかった。その代わり、資本収支黒字を通じて米国内にバブルが形成され、それが崩壊すると、米国はもちろん全世界の金融市場が大きな混乱を強いられた。

　グローバル金融危機の根底には、このようなグローバル不均衡 (Imbalance) が位置している。米国の経常収支赤字と中国の経常収支黒字が構造的に定着し、予想できなかったところで問題を起こしたのだ。グローバル金融危機が過ぎ去った後、米国と中国の不均衡がある程度解消されたとしても、グローバル不均衡自体が解消されない限り、世界経済は不安定にならざるを得ない。すなわち、今後中国が投資先として選択した国は苦境に立たざるを得ないということだ。

　中国の経常収支黒字の規模が大幅に縮小されない限り、中国は日に日に増加する外貨保有高を活用する投資先を探さざるを得ない。その場合、中国が投資先と名指しした国には中国資本が大量に流入するだろうし、その経済にはある種のバブルが発生せざるを得ない。そして、そのバブルがはじける瞬間、その国の金融産業は動揺せざるを得ないだろう。その国の金融市場が他国と連携していれ

ば、その国の金融産業の危機は瞬く間に世界金融市場に広がり、第2のグローバル金融危機が発生することになりかねない。

　グローバル不均衡をなくすべきだという主張は、単に米国が自国の利益を保護するための利己的な主張だとは思えない事案である。これは韓国にとっても非常に重要なイシューにならざるを得ない。問題は、中国が自国の短期的な利益または自国の経済的影響力の拡大を楽しみながら、そのような要求に耳を傾けない場合に生じる。この場合、世界経済が混乱の絶えない無秩序な時代に入るのではないかという極端な憂慮も隠すことができない。

日本の不確実性

　日本の不確実性は、もしかしたら中国の不確実性より早いうちに現実化する可能性がある。他でもない日本の国家負債が原因だ。日本の国債は今、世界で最も高い水準で、2020年にGDPの250%を超えている。今も日本は国税収入の半分を利子を払うのに使わなければならない。韓国としては想像を絶する状況だ。日本の金利が1%上がっただけで日本の財政は破綻するだろう。すでに2014年以降、米国の格付け会社ムーディーズは日本の国家信用度を韓国や中国よりも低く評価している。

　2022年、日本の国債は90%程度を日本銀行をはじめとする一般銀行・生損保・公的年金などといった日本の金融機関と日本の消費者が保有しており、国債問題のために通貨危機が発生する可能性は低いと評価されている。また、日本経済はまだ技術水準が世界最高であり、常にGDPの3%程度の経常収支黒字を出す底力を見せており、外国為替需給にはまだ問題がない。まさにこのため、日本の国債問題がまだ可視的な波紋を起こしていない。しかし、いくら日本でも、国債を無制限に増やすことはできない。今も日本は当面

の景気低迷から脱するため、毎年国債をGDPの6～7%ずつ増やしているが、日本政府と議会はそれに備えた信頼できる対策を講じていない。日本国債の規模が限界点を越えて国債価値に対する評価が落ち始めたら、たとえ通貨危機状況は到来しなくとも、国債を保有していた日本の金融会社と消費者の資産価値は暴落せざるを得ない。そうなれば、日本は金融仲介機能に大きな打撃を受けるだろうし、消費者の購買余力も大きく損なわれるだろう。日本経済の「失われた30年」が、いや、もしかしたら「失われた40年」が再び始まるかもしれない。このような否定的なシナリオが現実化すれば、それが韓国の私たちに肯定的な影響を与えることはまずないだろう。

韓国国内の不確実性

韓国経済にも不確実性が累積している。短期的には家計債務の累積にともなう不確実性がある。2021年韓国の家計債務は仮処分所得の206%に達している。ある人は米国と日本で家計債務が仮処分所得の140%に達した時、金融危機が発生したと主張する。韓国はすでにその水準をとうに超えている。問題がいくら深刻に見えても、それに対する対策が用意されていれば、それほど心配しなくてもいい。しかし、韓国は家計債務の問題に対してこれといった対策をあまり講じていない。家計債務を減らすために金利を引き上げなければならないと言えば、庶民の生計が脅かされるので駄目だという。まるで庶民の生計を心配するような論理で低金利を堅持している間に、庶民の借金は危険水準まで増え、庶民の生計はむしろ大きく悪化した。

このような状況で、もしちょっとしたきっかけで消費者の償還能力が落ちたりすれば、不良債権が累積する金融会社が多く出てくるだろう。その場合、貸出回収が起きるかもしれないし、そうなれ

ば消費者の消費余力はさらに減り、内需低迷と償還能力の悪化が相乗作用を引き起こし、問題を深刻化させるだろう。私はこのような状況にならないか非常に心配している。

　私たちがアジア通貨危機以後、経済の構造調整を成功的に行ったとはいえ、それは数少ない一部の大企業を中心に行ったものだった。大企業の不良債権は多様で大規模だったが、債権団が集まって政府とともに損失を分担し、経営陣を交替して金融会社に公的資金を投入するなど決まった手続きを踏んで構造調整を進めていけばいいということだった。ところが、もし多くの消費者が一度に破産する状況に至れば、明確な解決方法がない。財布の紐を引き締めて苦痛に耐えたとしても、1〜2年で問題解決を期待するのは難しいだろう。

　今、政策当局は韓国経済の最も深刻な危険要因である家計債務の問題を本格的に取り扱おうとしない。家計債務が無制限に拡大することはない。ここにも何らかの限界点があるはずである。家計債務の拡大傾向が今のように維持されれば、まもなく必ず韓国経済に大きな負担を与えることになるだろう。

　一方、韓国は2000年から高齢化社会に、2017年から高齢社会に入っている。日本は1994年に高齢社会、2005年に超高齢社会になっているが、韓国も2025年には超高齢社会になる見通しである。これは韓国社会がかつて一度も経験したことのない新しい状況である。そして、韓国の高齢化速度は世界のどの国よりも速い。今から20〜30年後には、韓国の高齢人口比率が世界で2番目に高い国になるというOECDの研究がある。高齢社会になれば税金を納める人が減り、政府支援を受けなければならない人は多くなる。結局、韓国の財政環境は悪化せざるを得ない。

　韓国は生産可能人口、すなわち働ける15歳から64歳までの人口が2019年から減り始めている。この頃から韓国の財政は高齢化

負担を本格的に抱えることになった。そして、この負担は人口推計が出ている 2050 年まで毎年加重されるだろう。

　ある財政学者の研究によると、現世代よりまだ生まれていない未来世代の租税負担が 2.2 倍だと推計する。にもかかわらず、政府は税源を拡大し、不必要な支出を減らす問題に対しては具体的な代案を出せずにいる。

一緒に知恵を集め、道を探して、灰色の雲を歩け

　灰色の雲の中を歩いて不確実性を切り抜けていくための第一歩は、私たち皆の知恵を集めて解決の道を探すことだ。そうしてこそ、韓国がこれから生き残り、社会を維持していくことができる。

　2006 年の春、米国プリンストン大学のウッドロウ・ウィルソン・スクールが設立 75 周年を迎えた。ところが、ウッドロウ・ウィルソン・スクールは 75 周年記念セミナーを意外にも東京大学で開催した。セミナーのタイトルは「国際関係の将来 – アジア諸国の台頭と日米の選択 (The Next Twenty Years: Challenges for Japan, the United States and the Emerging Powers in Asia)」だった。当時、日本の小泉政府と米国のブッシュ政権は親密な関係だった。そのため、ウッドロウ・ウィルソン・スクールの設立記念セミナーを東京大学で開催したのではないかと思う。

　セミナーに参加した知人が私に聞かせてくれた話では、その日のセミナーの話題は日本と中国だけだったという。フィリピンやインドネシアのような東南アジア諸国はもとより、台湾や韓国に関する言及もほとんど出ていない。経済と安保という 2 つのイシューに対して午前から午後にかけてセミナーを行ったが、セミナーが終

わる頃、東大の学生が質問をした。

「今日の午前から午後にかけて、講演と討論を聞いてはいるが、まだよくわからない。今後20年以内に東アジアのナンバーワン国家は日本と中国のどちらなのか。」

この質問に対して、そこに参加していた米国と日本の教授たちは、確定的な回答を返すことができなかった。私の知人が「日本の学生たちはこれから自分たちが成長して国の主人になった時、日本がアジアを主導する国なのかどうかを悩む立場なんだな」ということに気づいたと話した。「韓国の学生たちがそのような境遇になれないことが残念で、前の世代として申し訳ない気持ちで重い責任感を感じた」と話していた。ところが、彼がセミナーが終わって帰国する飛行機の中で次のような記事が載った韓国の新聞を読んだらしい。

「ソウルのある大学の学生会が大学側と授業料引き上げをめぐって闘争し、総長室を占拠したが、学校側がその学生たちを懲戒退学にした。」

この記事を見ながら、いったい韓国の学生たちは自分の国の未来に対してどのぐらいの関心があるのか、とてもやるせなかったと話していた。

もちろんその当時、その大学の学生たちとしては授業料問題が最も重要なイシューだっただろう。その学生たちの主張にも一理ある部分はあった。しかし、明らかなことは、それ以上の危機が私たち皆に迫っているということだ。今後10年後、20年後、韓国が国際的にどのような位置にあり、そのために韓国国民の暮らしがどのように変化するかについて今悩まないと、憂鬱な灰色の未来から決して逃れることはできないだろう。

授業料引き上げ撤回や、ひいては授業料引き下げ交渉が貫徹されることも重要だが、私たちはなぜこの地の多くの大学生が休学と

復学を繰り返しながら大学に通わなければならないのか、苦労して学業を終えても、まともな職場を見つけられず88万ウォン世代という軛（くびき）を背負わなければならないのか、なぜ私の両親は昼夜を問わず一生懸命に働いているのに家計債務は増えていくのか、その根本的な原因を見抜く力を持たなければならない。そうしてこそ、そのすべての問題を一気に解いていく鍵を見つけることができる。皆の知恵を集めて道を探してこそ、韓国がこれから生存を維持し、国益を増大させ、皆が幸せな国に進むことができる。

1パーセントだけの
ための社会は正しくない

　米国で黒人の参政権が法的に保障されたのは、20世紀が始まるすこし前だった。しかし、20世紀半ばまでジム・クロウ法(人種差別法)が厳然と存在し、名目上の自由より日常での差別は公然と発生していた。1960年代を経て民権法が制定するまで、多くの黒人が蔑視と差別、そして生命の脅威まで受けなければならなかった。その時、マーティン・ルーサー・キング牧師が憤然として人種差別撤廃運動をはじめると、周りの人々は「このような差別が起きたのは昨日今日のことでもないのに、やたらに大げさだ」と皮肉ったり、「ひどい目に遭うこともありうる」として、自制するよう助言したらしい。命の危険に晒されながらキング牧師は「私には夢があります(I Have a Dream)」という演説を通じて自身が夢見る世の中を人々に知らせた。ただ黒人を助けてほしいという訴えではなく、白人であっても黒人であっても、誰もが一緒に夢を見ることができる世の中を作ろうと訴えた。その訴えは野火のように全米に広がり、ようやく公民権法が制定された。

私が同伴成長の文化の造成と拡散のために孤軍奮闘しているのを見て、人々は私に聞く。

　「大企業と中小企業の間の不当な慣行や大企業の路地商圏侵害など数多くの不公正なことが韓国社会に蔓延して数十年が経ったのに、なぜよりによってこの時点で同伴成長を持ち出すのか。」

　このような愚問は「今までずっと殴られていたのに、なぜ今になってかっとするのか」ということだ。昨日まで何も言わずに殴られていたからといって、今日も、そしてこれからも何も言えずに殴られ続けるべきなのか。そうするにはこの社会が、私たちの未来があまりにも不幸ではないか。激しい葛藤の地雷が韓国社会のあちこちに潜在し、誰かが触れただけでも、突然爆発しうる今の状態を、「今更なぜそうするのか」という言葉で伏せておくわけにはいかない。地雷を除去してもう一度夢を見ることができる社会を作らなければならないのではないか。

　周りで今も同伴成長と関連して突拍子もない質問をして懐疑心を表しているのを見ると、どうか新聞でもちゃんと読んでくださいと言いたくなる。新聞では、現在起きている韓国の不公正な慣行と制度を正さなければならない状況に来ていると連日報道している。同伴成長が単に韓国だけでなく、世界経済の全般にわたって既存の新自由主義的パラダイムの修正を望む巨大な流れと一致するという指摘は、私以外にも多くの専門家がしている。

　グローバル金融危機以降、世界各国で変化の流れが激しくなっている。市場と資本主義に対する人々の考え自体が変わっている。米マンハッタン州コーティ公園で始まった「ウォール街を占拠せよ（Occupy Wall Street）」というデモが初めて起きた時は、世の中が変わり始めたと実感する人はそれほど多くなかっただろう。経済が厳しくなった時、デモが起きたことは今までもしばしばあった。しかし、

ウォール街でのデモは性格が少し違うようだった。表向きは規模が小さくて些細なできごとに見えるが、実は大きな変化の流れをあらかじめ知らせる一つの兆候かもしれないという予感がした。案の定、そのデモはますます大きくなり、世界的に熱い話題となった。

　人々は今「誰よりも一生懸命に働いてきたのに、なぜ私の生活はよくならないのか」という非常に核心的な質問を投げかけている。熱心に働けば生活がよくなる新しいパラダイムに変わらなければならないのではないかと聞いている。これは根本に対する問いだ。この根本とは、単に経済的な問題だけでなく、人間の暮らしに対する根源的な問題を意味する。そして、この問いは国境を越えて各国に広がっていった。

　学者や専門家たちが衒学的な分析と主張をする時、即時的な変化はほとんど生まれない。しかし、一般人がこのように簡単明瞭に自分たちの考えを表出し始めれば、話が違ってくる。膨大な変化が可能な土壌が形成されていることを意味するためだ。これは歴史の新しい流れと見なければならない。既存の経済パラダイムが時代に合わず変化が必要なら、容赦なく修正しなければならない。

　「一人の天才が一万人を食べさせる」という言葉ほど、既存の経済パラダイムをよく表現している言葉があるだろうか。ある天才は「私がお金を稼いでこそ働き口が作られるのだ。私がすることに干渉するな」と言ってきた。さらに「経済を生かすためには私がお金をもっと多く稼げるように私に協力してくれなければならない」とも話した。人々はこの言葉を初めて聞いた時、それも一理あると思った。歴史的に数十万人を食べさせたという天才たちの名前をどこかで聞いたことがあったからだ。そして天才という人々のおかげで私の暮らしもよくなっているのかもしれないという漠然とした期待をしたりもした。ところが、彼らが天文学的収益を上げながらも働き

口はむしろ少しずつ減っていくと、人々は彼らが結局数十万の人より私腹を肥やしただけではないかという疑念を抱くようになった。

　そんな中、グローバル金融危機が発生した後、米国では税金で救済を受けた銀行の役員や従業員らが、ボーナスを危機の前より多く手に入れたことが明らかになった。破産を目前に控えた AIG は、米政府の支援で辛うじて廃業を避けることができた。ところが、グローバル金融危機の余波が収まる前の 2009 年に 1 億 6000 万ドル（約 180 億円）のボーナスを支給した。それも当初の計画だった 4 億 5000 万ドル（約 508 億円）の一部だという。破産寸前に追い込まれた AIG に、米政府は国民の税金として 1800 億ドル（約 20 兆 3400 億円）を支援した。AIG の経営陣をはじめ役職員は、世界で誰にも劣らないエリートたちだろう。好調だった時は「天才」と言われた人たちだが、そのような天才たちが行った希代のショーは平凡な人々には到底受け入れられない非常識であり強欲だった。

　このような光景は、AIG だけに見られるものではなかった。ウォール街の金融会社はそれぞれ自分の私腹を肥やした。自分たちが世の中を台無しにしたのに。全世界の多くの人がこのような現実を見守りながら、「一人の天才が一万人を食べさせる」というパラダイムの支配原理は他でもない「強欲」だったことに気づいた。したがって、そのようなシステムの代わりに働きたければ働き口を得ることができ、一生懸命に働けば状況がますますよくなる世の中を作ってほしいと願っている。グローバル金融危機を招いた新自由主義的な資本主義パラダイムを新しいものに変えてほしいと要求している。実際、世界的な世論調査機関であるグロブスキャン (Globe Scan) の国別世論調査によれば、「自由市場経済が世界の将来のために最もよい体制だと思うか」という質問に「そうだ」と答えた米国人の割合は、2009 年の 74% から 2010 年の 59% へと急激に下がった。これは同

年67%を記録した共産主義の中国よりも低い数値であり、米国の企業と家計の間で結ばれた社会契約の破棄が迫っている兆しと受け止められている。また、グローバル金融危機の最大の後遺症は、資本主義に対する信頼の危機だという分析が次々と発表されている。

憤怒する社会

　人々はもうこれ以上「私のせいだ」と言わない。問題が私にだけ起きれば、それはもしかして私のせいではないかと反省するだろう。しかし、私の知人や隣人たち皆に同じ問題が起きれば、決して私だけのせいではないことがわかる。私が貧しいのは私が一生懸命に働かなかったせいだと思っていた人々が、自分の隣人も貧しく、その隣人の隣人まで皆貧しいのを見て、この社会が病気にかかっていることに気づく。そして、その原因が自分には見えないさらに深いところにあることを知って怒り出すことになる。

　米国と欧州で起きた「ウォール街を占拠せよ」デモは、世界的な金融危機をもたらした巨大金融資本に対する99%の一般国民からの批判だった。1%だけのための社会は正しくないということだ。韓国は金融資本が問題を起こさなかったため、ウォール街占拠デモが韓国には該当しないという話が多かった。なんとあきれたことか。「1%の貪欲」に対する庶民の不満が全世界を覆っているという兆候を、ただ金融資本の問題のように近視眼的に解釈するのがもどかしかった。韓国では組織的なデモにまでは広がらなかったが、すでに韓国国民もウォール街で叫ぶ「1%の金持ちの貪欲を99%が防ごう」という情緒に多くの人々が共感していた。ただ、韓国の99%の怒りの対象は、金融資本ではなく財閥というのがウォール街占拠デモ

の場合とは異なるところだった。

「いくら頑張ってみても駄目だった」という考えに至れば、その人は抑えようのない怒りの感情を抱くようになる。インターネットとツイッターにはあらゆる非難、絶叫、悪質な書き込みが飛び交っている。これらの文章には、寛容などは全く見られない、普段口にできない暴言が飛び交う。自分と考えが異なる人々に容赦なく怒りを吐き出す。怒りの対象は、自分の問題を解決できない政界に向けられている。

多くの人が「政党はなぜ必要なのか」という質問を投げかけている。政党や政治家だけでなく、学者、ジャーナリスト、公務員、法曹人、教師を問わず、誰の権威も認めない。文字通り、私たちは「憤怒する社会 (Angry Society)」に生きている。

暮らしがよくならない原因を自分自身ではなく、政治・社会的外部環境から探そうとして、自分の境遇を惨めにさせた誰かに怒りを抱く意識変化は自然なものと見るべきではないだろうか。1パーセントを恨む気持ちは立場を変えれば十分に理解できる。それなら、このような現実に背を向けたり、問題解決のために積極的に乗り出さない政界が覚醒しなければならないのではないだろうか。政治家がいくら政党の利益、権力意志によって動くとはいえ、彼らが本当に望む権力意志は過去のように国民の上に君臨するものではない。今日の権力意志は、まさに最も低いところに手を差し伸べ、真の改革を成し遂げて、皆が共に成長する社会を作る意志でなければならない。世の中の多くの人がすでにあれほどリードしているのに、韓国政界だけが依然として20世紀の泥試合の様相を見せているのではないかと心配でならない。

韓国の昔の言葉にも「貧しくて恨みを抱かないのは難しい」とある。また、「お金持ちで驕らないのは易い」という話もある。お

金持ちが簡単なこともしようとしないのに、貧しい人々が難しいことができないと非難することは、道理に合わない。今、韓国の社会で貧しい人々が恨みを抱いていることについて、彼らに「お腹が空くのは我慢してもお腹が痛いのは我慢できない人々」と後ろ指をさすことは正しいのか。1％より99％のための世界を作ってほしいと当然の要求をしている人々に、1％を嫉妬していると非難ばかりしてはならない。貧しい人々の恨みをあざ笑うより、お金持ちの傲慢を叱咤するのが先ではないか。お金持ちが先に傲慢を捨てた後、貧しい人々が恨みを捨てることを願わなければならない。傲慢な金持ちには何も言わずに貧しい人々の恨みだけを非難することができるだろうか。1％の言葉と行動が99％の目にどのように映ってきたのか、これまで1％が言った言葉と行動が傲慢だったのではないか、それをまず振り返るのが順序ではないだろうか。

　歪んでひがんだ考えだと叱るだけでは、恨む気持ちは決して和らぐことはない。叱る人もその人の境遇になってみれば、誰よりも先頭に立って恨みと怒りの心を吐き出すだろう。

理性の力で99％を動かさなければならない

　大統領、国会議員、市長などを選ぶ選挙シーズンになれば、各候補は自ら自分を低めて、国民の間に入り込む。まるで最初から彼らは国民と一体だったかのように行動する。そして、あえて押さえていた国民の怒りを引き出す。「あなたの気持ちは全部わかっている。どれほど悔しいのか、どれほど怒っているのか、すべて理解している。そのしこりを取り除くために私が来た」として人々の心を刺激し恨みと怒りを利用しようとする。彼らがこれまで国民のため

に働くと言った政策を本当に実現していたら、この社会は大きく変わっていただろう。しかし、そうできなかった。その理由は公約として掲げた政策がただ票を得るためのばらまき公約だったり、当初から実現可能性が低い空言だったためだ。本当にこの社会のための政策作りに努力するよりは、目の前の一票を得るため適当に作り出したのだから、見かけ倒しにすぎない場合も多かった。

　もちろん、中には心から国民の恨みと怒りを悲しみ、それを解決する政治をしなければならないということを知っている候補もいた。しかし、少なからぬ政治家が国民の怒りを利用してきたことを、我々は長年の経験を通じてすでに知っている。

　私の中に怒りが満ちていれば理性は奥底に沈んでしまう。そして怒りに満ちている私自身の問題に耳を傾けてそれを解決してくれそうな人、理性よりも感性に訴える人に熱狂する。なので怒りの時代に注目される政策は、感性に訴える政策だ。しかし、その感性に訴える政策というのが本当に過酷な現実で傷ついた心を癒し、未来を着実に準備していく実りのある政策だったのか突き詰めて見なければならない。そうしなければ、ただ単に選挙の時にだけ人々の感性にちょっと触れて終わる、ポピュリズムにすぎない。アルゼンチンの波乱万丈な歴史を見ると、こうした感性に訴えるポピュリズムが国をどのように壊すのかがよくわかる。20世紀初めまでは、アルゼンチンは繁栄を謳歌する経済大国だった。米国など羨ましく思わないほどの強国としての条件を備えていた。そこでは二度にわたる世界大戦にも巻き込まれていないので、アルゼンチンの将来は明るいように見えていた。

　しかし、当時のアルゼンチンも大恐慌の暗闇から抜け出せなかった。また、一部の大企業と多国籍企業中心の経済構造のため、二極化の兆しを見せていた。その時、フアン・ペロンが軍事クーデター

を通じて政界に入り、大統領の座に就いた。彼は庶民の支持を追い風に大統領に当選した。大統領になった彼は国土の３分の１に達する土地を地主から没収して人々に分配した。そして、国家の基幹産業を均衡発展という大義名分で、首都から数千キロメートルも離れた奥地に造成した産業団地に移転した。その上、外国の企業まで没収して国有化した。彼の妻であるエヴァ・ペロンは無償医療とばらまき式の寄付で庶民の心をつかんだ。

　ペロンのポピュリズムはアルゼンチンの墜落を早める結果になった。突然の賃金と物価の上昇で数多くの企業が動揺し、外国資本は相次いでアルゼンチンを離れた。その結果、貧民層と失業率の急速な増加とともに国家競争力も弱まり、奈落に落ちてしまった。感性に訴えるペロンの政策は無分別な福祉乱発と記録された。全世界ではポピュリズムの代表例とまで指摘され、警戒のモデルにされている。

　まさに感性の時代の到来である。感性の時代を生きる人々は心の琴線に触れる政策を望んでいる。理性で几帳面に問い詰めなければならない政策は頭が痛いだけだ。傷ついた心を慰め、怒りを晴らすと言って心の琴線に触れてこそ票を得ることができる。しかし、心に響く政策はほとんど後遺症を残す。怒りと恨みを晴らしてくれる政治家を選択したが、彼が私の期待に応えられなければ、怒りはさらに大きくなるばかりだ。

　また、アルゼンチンの場合のように感性に訴え、何の対策もなく無分別な福祉に重点を置けば、亡国の近道になる。実際、アルゼンチンのペロンが施行したさまざまなポピュリズム政策が人々から歓迎されたということは、それだけ多くの国民が福祉の死角地帯に置かれており、経済構造が一部の大企業を中心に歪んでいたという意味だ。すなわち早くから庶民と勤労者たち、そして中小企業の生存を保障できる「同伴成長」政策を展開していれば、歴史はおそらく

変わっていただろう。公正な租税制度と好循環の共存が可能な経済構造を備えていたなら、ポピュリズムは居場所を失うしかなかった。

国家の将来を考えるなら、情緒よりは理性に訴える政策が望ましい。感性の時代には今すぐ私の役に立てばいいだけで、その政策が私たちの子孫や共同体にどのような影響を及ぼすかについては関心がない。「政府機関の半分を私の近所に移して、私の収入が増えればそれでいいのであり、そのような決定が国家運用の効率性と国家安保にどのような混乱をもたらすかは私の知るところではない」「私のポケットにお金が入ってくるなら、国家全体的に損害が出るかどうかはどうでもいい」など、自分の利益に忠実な考えは一般国民としては当然できる。日々の生活が苦しく、共同体の将来まで心配する暇はない。問題は、国民のこのような考えに便乗しようとする政治家がいるところにある。私に投票する人が多くなれば、国家全体に損害が出るか出ないかは関係ないと考える人が多いということだ。得票に役立てればいいだけで、そのような決定が国家運用の効率性と国家安保にどのような混乱をもたらすかは考えようとしない。

政治家までこのように考ているなら、その国の民主主義は堕落したとしか言えない。公共の利益を後にして、国民も政治家も同じように自分の利益を先に探そうとする国家には将来がない。さらに、ばらまき公約に入るお金は、すべて国民の税金ではないか。国民のお金で自分たちが恩着せがましく振舞っているのだから、恥ずかしいことではないだろうか。私たちはこの辺でじっくり考えてみなければならない。怒りの力は強いが、その上に新しい社会を築き上げることはできないという言葉がある。怒りの力で国民を動かしてはならないということだ。

142・未来のための選択、同伴成長

第三章

美しい同行は皆が
幸せな世の中を作る

基本に戻れ

　大王イカはクジラも食らうほど巨大な怪物だ。その上、海の乱暴者であるサメまで食べるというから、その貪欲さや凶暴性は地球上の生物の中でおそらく最高だろう。ところが、この大王イカが米国ウォール街にどんと居座っているという。これは一体どういうことだろう。ウォール街に海洋博物館でも建てたのだろうか。

　「ウォール街を占拠せよ」というデモの真っ只中、米国の『ローリングストーン』という雑誌はゴールドマンサックスを大王イカに比喩した。正確には吸血イカ (Vampire Squid) だが、ここではひとつ吸血イカの弁明をしたい。吸血イカは名前こそ怖そうに聞こえるが、実はプランクトンの死骸であるマリンスノーしか食べない小さなイカである。いかにも恐ろしげな形相から怖い名前が付けられたのだろう。とにかく、ゴールドマンサックスが血の匂いさえすれば、むやみに飛びついて食らいつくすような想像の怪物、大王吸血イカのように、お金になるものなら水火も辞せず飛びかかると皮肉った記事だった。謹厳にネクタイを締めて世界経済を牛耳るゴールドマンサックスの役職員

たちは、大王吸血イカの吸盤になったのだ。

　お金持ちが傲慢になれば、彼の利益追求は人の目に貪欲に映る。もちろん貪欲も人間の本性だ。しかし、貪欲は人間の本性の中で節制されなければならない部分だ。資本主義と市場が貪欲まで守ってくれることを期待したら、それは大きな勘違いだ。資本主義は貪欲とはもともと何の関係もない。ある人はまるで資本主義の基本が私的利益の追求であるため、貪欲も自由だと説破する。しかし、資本主義について少しでもきちんと勉強していれば、資本主義は正当な利益追求を保護しようとするものであり、貪欲追求まで保護するためのものではないという「常識」ぐらいはわかるだろう。資本主義はむしろ衝動的貪欲を合理的に制御するための装置だ。資本主義の基本精神は節制に近い。利益追求は奨励するが、貪欲は抑制することだ。貪欲が抑制されてこそ、市場の活力が維持できるからだ。マックス・ウェーバーがプロテスタントの倫理で資本主義の精神を説明しようとしたのがまさにこの点だった。

　貪欲ではなく、節制と調和を土台とする新しい経済パラダイムが必要だ。結局、資本主義の基本に戻るも同然である。制度、法規、認識、慣習、思考、観念、価値観ともに貪欲を抑制し、節制と調和を重視する方向に変わらなければならない。

　ウォール街占拠デモは、ゴールドマンサックスのような金融資

本の貪欲に対してのみ抗議するものではない。手綱を緩めた馬のように暴れる大王吸血イカを処罰するどころか、莫大な税金で復活させただけでは足りず、再び貪欲の放縦を傍観していた米政府と政界に対する怒りと失望感の表出でもある。そのため、多くの人が政治も傲慢に権力の椅子に座って君臨するのではなく、常識と基本に忠実であれと要求する。そして、彼らが真に眺めて仕えるべき対象が誰なのかを正しく見ろと叫んでいる。

　韓国の政治は「国民の政治」と「国民による政治」まではうまくいっているが、まだ「国民のための政治」が行われていない。従来の政治家たちは、国民の利益よりは所属政党と所属派閥の利益、ひいては自分の利益をより多く得ようとする本音がしばしば国民にばれていた。民心を受け入れるという美しい言葉の中に彼らの票を得ようという本音が馬脚を露わしたりもする。

　政党や派閥の利益だけに没頭する政治、国家の当面の課題を解決するために膝を突き合わせるよりも、喧嘩ばかりする政治はもはや立つ瀬がない。従来の与野党より無所属の政治家を支持する超党派が急増しているのは、新しい政治に対する熱望が日増しに大きくなっているという兆候ではないだろうか。甚だしくは経済が厳しく、皆が財布の紐を引き締めている状況で、歳費引き上げのような国民の情緒と食い違うことを何のためらいもなく平気で進める政界の鈍感さや無感覚は、国民の生活とあまりにもかけ離れている。それで光り輝く未来を語り、希望と幸福を語っても、誰が信じるだろうか。いくら政治が「言葉の饗宴」だとしても、真心のない言葉の饗宴は政治を不信と虚無主義の沼に押し込むことにしかならない。結局、政治のために国家が衰退してしまうのだ。

同伴成長は基本と常識のパラダイムだ

　健全な利益の追求は資本主義の活力になるが、貪欲の追求は資本主義を害する道だ。1970年代以降、世界経済秩序の根幹として明確に位置づけられ、2008年、全世界を金融危機と経済危機に追い込んだ新自由主義的な考え方の問題点は、利益の最大化だけを語り、倫理を語らなかったところにあった。

　倫理が失われた新自由主義は、経済だけでなく人間の暮らしまで破壊するひどい後遺症を残した。生活の基盤を不安にさせ、隣人との共同体を破壊し、トリクルダウン効果どころか二極化だけがますます進んだ。その二極化がどれほど酷かったかは新自由主義者からも確認できる。投資専門家であり新自由主義金融市場で莫大なお金を稼いだジョージ・ソロスが「新自由主義の教理が非現実的であることが明らかになった」と批判した。

　1971年にダボスフォーラムを創立し、新自由主義を強調してきたクラウス・シュワブさえも、新自由主義の深刻な様相を指摘した。「私は自由市場制度の信奉者だ。しかし、市場は社会のために機能しなければならない。現在の状況は資本主義という言葉では説明できない」という告白は、むしろ「ゆるしの秘蹟」に近い。

　同伴成長は利潤の最大化だけを最善と考えた過去の新自由主義的パラダイムから脱皮し、貪欲を抑制し節制を失わない、資本主義の基本に忠実な新しいパラダイムに戻ろうという試みである。

　貪欲を抑えるべきだというが、すでに韓国社会には競争と成長という建前で財閥系大企業の貪欲が恣行されている。その被害も深刻な状況に至った。しかし、覆水盆に返らずといって、何もせず見守るわけにはいかない。遅れたと思った時が一番早いという考えで、どうにか収拾し、再び資本主義の基本に戻ろうとする努力を止めてはならない。自分の懐だけを満たそうとするのが貪欲だったと気づいた瞬間、私の

隣人の空っぽになった懐も一緒に考えなければならない。

　誰かの貪欲のために資本と権力の偏り現象が大きくなれば、その社会は不公正と不平等が幅を利かせることになる。結局、これまでその社会を維持してきたシステムが根こそぎ揺れることになる。少数の貪欲な人々に向かって多数の「私たち」が憤ることになる。このような怒りは結局、社会的協力体系を崩し、不信と分裂を呼び起こすことになる。

　2011年のスペイン、ギリシャ、イタリアの経済危機は、貪欲が国家と社会共同体の没落をもたらすという事実を如実に示している。今も貪欲なこの国の上位1%と無能力な政府に対して、若者たちは職場ではなく街頭に出て怒りに満ちた声で叫んでいる。南ヨーロッパが経済危機と国家破産の直前の状態に追い込まれるようになった原因の中で、お金持ちと指導層の脱税と不正腐敗、すなわち1%の貪欲が根本的な原因として挙げられている。これらの国の若者の失業率は50%を超えている。若者たちが怒りを鎮めて働こうとしても働く場所がない。

　南ヨーロッパの危機はまもなくヨーロッパ全体の危機に広がった。そのため、ユーロ地域の国々は破滅の連鎖反応が起きることを恐れて、南ヨーロッパへの支援を悩んだ。しかも、ユーロ地域の国民が反対していたので、困っていた。これらの国を助けることは「底抜けのかめに水を注ぐ」ようなものになりかねないという反対世論と、貪欲で亡国寸前まで追い込まれた国がまだ正気を取り戻していないという否定的な反応が強かった。実際、イタリアは2011年に改革を前提にEUから支援を受けたが、その約束を守っていない。依然として貧富の格差は解消されず、不正腐敗と脱税が幅を利かせている。スペインもギリシャも境遇は一緒だった。

　新自由主義の嵐が吹き荒れて疲弊したこれらの国で、お金持ち

と貧しい人々の格差はますます広がり、国家の未来を蝕んでいる。ギリシャの人々は、彼らの先祖で哲学者であるプルタルクが、「貧富の格差はすべての国を蝕む最も古くて致命的な弊害だ」と指摘したことを自ら体験しているわけだ。

　南ヨーロッパの危機はもう一度資本主義の基本を思い出させてくれた。私的利益の追求という命題にだけとらわれ、自由の意味を歪曲し、放任主義を神託のように持ち上げていた人間の傲慢はすでに審判を受けた。欲望をむさぼり没落してしまったバビロンの塔が崩れる音が世界各地で聞こえていた。

　資本主義の基本と常識は節制と共生だ。個人の自由と競争を美徳としても、この美徳は共同体の安寧と繁栄を前提としたものだ。共同体が崩壊すれば個人の自由と利益も保証されないということは若い生徒たちも知っている基本だ。ところが、いざ韓国社会の指導層と財閥は、この基本と常識に反することをためらうことなく行っている。このため、教科書や道徳の教えと世の中の現実は違うものだという冷笑が広がり、基本と常識の哲学を話したり実践する人々がかえって無能力な存在として扱われることもある。経済的不平等と貪欲は結局、共同体すべての価値観と人生の哲学までもを危うくすることになる。

　同伴成長は二極化で疲弊した経済と人々の生態系を復元しようというものだ。資本主義の基本と常識、すなわち放縦の自由の代わりに共同体の繁栄を共に追求する成長と、少数に集中した権力と富の恩恵を多数の人々が共に受けるようにする分配のパラダイムがまさに同伴成長である。このような基本と常識を拒否するのは、社会共同体の発展に対する連帯意識がないという自己告白に他ならない。そして「私さえうまくいけばいい」という極端的な利己主義を捨てることができないとし、自分がどんな過ちを犯したのかと悔し

がったり、意地悪をしたりもする。しかし、その意地悪は結局、大多数の常識によって破られるしかない。

市民の合理的な批判は社会の支柱である

　多くの宗教指導者はまるで約束でもしたかのように同じことを言う。何事にも他人のせいにせず、すべてのことを自分のせいにするように勧める。しかし、このようなよい言葉は、基本的にどのような心構えを持てば天国に行くのに、涅槃(ねはん)に入るのに役立つかに対する答えである。もし自分が直面した困難が間違った制度や不公正な慣行から始まったとすれば、むやみに我慢することは最善ではない。うまくいかないことはうまくいくように、間違ったことは正しく直してこそ、私や私の隣人、私の子孫がよりよい社会で生きることができる。

　すべてを自分のせいにして我慢するのは美徳ではなく、社会発展にも役立たない。さらに、我慢することで問題をさらに大きくするなら、それはまた別の意味の悪と見なければならない。例えば、夫の暴力を我慢する妻は、その精神的ストレスと肉体的苦痛が結局は自分を病気にさせる。夫はまたどうだろうか。家庭内暴力が容認されるため、社会に出ても暴力性が捨てられず、結局また別の暴力を振るって、もっと大きな問題を発生させてしまう。そんな親の下で育った子供も、正しく成長することは難しい。個人の苦痛もそうだが、それが共同体の問題なら、さらに我慢してばかりいてはならない。誤ったことを指摘し、問題になることを明らかにすることで、皆が一緒に代案を探し、正しい道を模索して共同体の問題点を矯正してこそ、社会が発展を続けることができる。何事も自分の宿命と

して受け入れ、自ら心を静める「善良な」国民だけが存在すれば、その社会は発展できず、結局は衰退の道を歩むことになる。

　市場とはもともと不完全である。市場の力だけではよいところに資源を配分できない場合が多い。このような市場の失敗を正すために、我々はさまざまな政策的な誘引体系を設けてきた。資本主義市場経済を時代の流れに沿って社会共同体の必要に合わせて修正し補完してきた。市場のシステムに問題が生じれば、解決策を見つけて問題点を修正してこそ、市場が存続できる。したがって財閥に対して批判的な見解があるからといって、その人を反市場主義者だとか社会主義者、または共産主義者だと非難することは、世の中の流れを知らない行為だと思う。貪欲を批判することさえ反資本主義的・反市場的だと言ってはならない。「私のせいだ」と順応する「善良な」国民ではないからといって、彼らを「悪質な」国民として追い込んではならない。

　どういうわけか知らないが、この社会は間違ったことを指摘しても「間違い」に焦点を合わせずに「指摘」する手を指して物議を醸すことが多い。それだけ国民をただ順応と服従に慣れた「臣民」と見る観点がそれとなく隠れているのだ。彼らの行動と思考は、封建時代にふさわしい「臣民」という言葉を口にしないとしても、前近代的な場合が多い。

　社会の談論は決して一部の知識人や指導層の専有物ではない。広場で自由な疎通が可能な時、未来と関連した談論はさらに豊かになりうる。孤高な城の中で元老院遊びをしながら国家の運営を狂わせる彼らが出す言葉は簡単に信頼できない。また、彼らの決定を国民が一方的に従わなければならない義務として押し付ける行動は明らかに改革の対象だろう。彼らは古代ローマの執政官に政を一から学び直してでも、自らを換骨奪胎させなければならない。

ローマの執政官であるウァレリウス(プブリウス・ウァレリウス・プブリコラ)[15] は、ローマ市内の広場が一望できる丘に雄大な邸宅を建て、豪華な生活を楽しんでいた。彼はすでにローマでお金持ちとして有名な人物だった。ところがローマの市民は、このような彼の生活についてひそひそとうわさ話をした。雄大な邸宅はまるで王宮のように見え、市民はウァレリウスが皇帝になろうとする野望を持っているのではと憂慮する目を向けていた。町中のうわさはすぐにウァレリウスの耳にまで入った。ウァレリウスはびっくりして直ちに自分の大切な邸宅を壊した。そしてローマの中で地価の安い下町に素朴な家を建て、いつも門を開けておいた。近くを行き来する誰でも家の中を出入りしながら自分の生きる姿を見られるようにするという意志が反映されていた。それだけではない。執政官である彼は、外出するたびに護衛兵を連れて行かなければならなかったが、余計な違和感を与えないよう最大限静かで質素な身なりで出かけるようにした。ウァレリウスの努力にやがてローマ市民は心を開いた。そして彼は市民から栄誉あるあだ名を得ることになった。その別名である「プブリコラ」は「人民の友、民衆の世話役」という意味だった。
　ウァレリウスは、ひそひそとうわさする市民の声に耳を傾けた。彼は執政官という権力をかざして、うわさの出どころを探したり、社会の風紀を乱す不穏分子といって、剣を振り回したりしなかった。おそらく彼はひたすら従順で「善良な」市民より合理的な意見を積極的に表現する市民がこの社会を支える柱だと考えただろう。それで市民の厳しい意見にも自ら耳を傾けて行動を変えたのではないだろうか。
　韓国社会でこのような指導者を見ることは非常に難しい。素朴

---

15) 紀元前500年代のローマの政治家。ブルトゥスと共に王政を終了させ、共和政ローマの樹立に大きな貢献を果たした。

な家や事務室どころか、華やかな執務室や邸宅で人々を威圧しようとする。とても近寄りがたい人、君と僕は別人というような線引きをはばかることなくする。このような社会で、国民が善良なのは決して美徳ではない。むしろ社会共同体を滅ぼすことに手助けしているのかもしれない。善良な韓国の国民を見ていると、自然にキング牧師の言葉が思い浮かんでくる。

「静かに服従することが時には安らかな道でもある。しかし、決して道徳的な道ではない。それは卑怯者の道だ。」

彼の言葉を生存と破滅の岐路に立っている私たちは肝に銘じなければならない。キング牧師は、「善良なことは決して正しいことではない」と強調した。白人の殺人的な弾圧に抵抗しないのは善良ではなく、しばらく延命するだけだ。そのように卑怯者としてしばらく命を守ることはできるが、いつかはその弾圧の犠牲者にならざるを得ない。そのため、卑怯者の道は道徳的でないだけでなく、生きる道でもない死への道だ。

同伴成長は我々に適していて有用である

　私がソウル大学を卒業して米国留学までしたおかげで、人々は
しばしば私を裕福な家の子供だと誤解する。だから、私が貧しくて
生活に苦しい人たちと一緒にいこうと同伴成長を熱く語ると、人々
は不思議そうな視線を私に送ったりもする。「どうしてあなたが」
ということだろう。しかし、私は人々の誤解とは違って、誰よりも
厳しく貧しい人生を送ってきた。

　50年前の昔、ご飯がまさに神様やお天道様だった時代があった。
私の口に入るご飯をくださる人が世の中で一番ありがたく、恵み深
い人だと思われるほど、私をはじめとするその時代の「私たち」は
貧困と戦わなければならなかった。私は小学校3年生から中学校3
年生までの7年間昼食を食べたことがない。その上、朝食や夕食
も米国が援助してくれたトウモロコシの粉で餅を作ったり、お粥を
炊いたりして食事を済ませながら生きなければならなかった。

　貧しくて苦しい暮らしにも私が人に劣らない学びの贅沢を享受
できたのは周りの方々の恩恵が大きかった。特にソウル大学獣医科

の招聘教授だったフランク・ウィリアム・スコフィールド博士は、私が中学校に入学する頃から大学を卒業する時まで、物質的にも精神的にも多く助けてくれた。大学に進学してからは私の恩師である趙淳（チョ・スン）先生のおかげで経済学に興味を持つようになり、経済学という学問に対する深さだけでなく、幅まで広げることができた。大学卒業後、韓国銀行に勤めていた私を留学の道へと進めるように鞭打って導いてくれた方も趙淳先生だった。

　もちろん二人の他にも人生の節々に、私の心もとない手を握ってくれた方々が多かった。彼らが差し伸べてくれた手の温かさが今の私を私として作ってくれた足場になったと思っている。私は一生懸命に働き勉強しているこの社会にいる多くの弱者に、一緒に手を差し伸べてあげようと言いたい。皆が対等な機会を得て自分の能力で成長できる強固な足場を、同伴成長という社会的システムで構築しておけば、少なくともこの国にいる数多くの中小企業と人材が花を咲かせる機会さえ得られず苦しむことはなくなると信じている。

同伴成長、本来我々の美徳である

　いくら見た目はよさそうな制度でも、韓国人の情緒と価値観に合わなければ副作用が生じる。したがって、新しいパラダイムが導入される時は、一番最初にそれがその国の人々の情緒とどれほどよく合うかを点検しなければならない。結論から言えば、同伴成長は韓国の人々の情緒や共同体的価値に合致する。少なくとも既存の新自由主義的パラダイムや1960年代から1980年代までの「不均衡圧縮成長パラダイム」よりは、ずっと韓国国民の心によく合っている。だからこそ韓国経済の新しいパラダイムとして同伴成長は非常

に成功的に根を下ろすことができると考えている。

　私たちは伝統的に「共に生きる」という共同体の価値を非常に重要視してきた。昔からドゥレや郷約などを通じて育ててきた共同体的価値は、高度経済成長の原動力にもなった。1997年のアジア通貨危機の時、「金集めキャンペーン」のように国難を克服する過程でその真価を発揮したりもした。このような共同体的な公序良俗の価値がここ20年間で急速に崩壊している。しかし、基本的に数千年もの間、韓国人の心の中で遺伝子のように伝わってきた情緒は、自分だけお腹いっぱいになり暮らしていくのではなく、隣人と「共に生きる」ことだった。崔震立（チェ・ジンリプ）から400年続いた慶州の崔家のような大富豪たちが民族を目覚めさせ、民衆の暮らしを世話する先頭に立ったことはよく知られている。しかし、最近は平凡な市民が本当に苦労して貯めたお金をよいことに使ってほしいと慈善団体に寄付して、私たちを感動させることはあるが、財閥や富豪の中でそのような称賛を受ける事例はあまり多くない。

　韓国だけでなくヨーロッパでも共同体を重視するのが時代的な流れだという認識が広がっている。日本の岸田総理も所信表明演説で協働・絆を重んじる日本の伝統に言及し「人がしっかりと評価され、報われる、人に温かい資本主義を作る」と主張した。フランスの未来学者ジャック・アタリは、21世紀に最も重視される価値を「共同の利益と利他主義」と規定した。彼によると、現代の人々は戦争やテロなどを経験しながら、自分一人だけの幸せでは満足できないことに気づき、合理的な理由で利他主義を実践する。極端に言えば、幸せな人が一人いれば不幸な大勢が彼を殺すことができる。だから自分が幸せになるためには、他の人も幸せにしなければならない。これがまさに合理的利他主義だ。

　私たちはわずか30年前までは、誰がどこでいくら稼いでどのよ

うに使うのか知る術もなかったし、関心もなかった。しかし、IT
技術が発達するにつれて、誰がお金をどのようにいくら稼いで何に
使うのかについて、以前より遥かに多く知れるようになった。そし
てその中で明らかになった不合理、不公正、不平等に怒り始めた。
その対象は幸福そうな少数に限らない。相手が幸せなのか、不幸な
のか、お金持ちなのか、貧しいのかは考慮の対象にならない。ただ
自分の怒りをぶつける生け贄が必要なだけだ。

　近年、韓国で社会的問題にもなった「通り魔殺人事件」や無差別
暴行、無理心中、校内暴力なども、これ以上単なる個人の悪行や不
幸として片付けてはならない。分析の結果、「無差別殺人」のよう
な犯罪に挙げられる「偶発的・現実不満が原因である殺人」事件は
2015 年 401 件 (殺人の中の比率、37.7%)、2016 年 403 件 (38.8%)、
2017 年 428 件 (41.9%) で、毎年増加傾向にある。自殺率も 1990
年の 2% から 2010 年の 6.61% に増加し、20 年間で 330% も増え
てしまった。2020 年、韓国の自殺率は 10 万人当たり 25.7 名で、
OECD の中で最も高い。

　もちろん人格的に成熟していない人々がこのような社会的犯罪
を犯す傾向が強いが、彼らの中にある不安、恨み、怒りの根底には
明らかに社会に対する不満が大きな原因として作用していることを
認めなければならない。さらに、その被害者は他でもない私や私の
家族、そして私の隣人になりうるので、より一層共同体の問題と認
識し、解決策を積極的に探していかなければならない。このために
必要なのが合理的利他主義である。

　同伴成長はまず、大企業と中小企業がこのような合理的利他主
義を実践して、社会の随所に蔓延した二極化をなくし、皆が共に幸
せになろうという概念だ。同伴成長は反市場的政策ではなく、むし
ろ健全な市場を定着させるための努力だ。

お金持ちの中でも本当のお金持ちはすべてを独り占めしようとしない。世界的に財産が多いことで有名なウォーレン・バフェットは次のように述べている。

　「私をお金持ちにしたのは社会だ。したがって、私が稼いだお金を社会に還元することはお金持ちの責務だ。」

　これはお金持ちだから、たくさん分けなければならないという単純な意味ではない。むしろ自分たちの富を創出できるようにしてくれた社会的制度が安定的に維持されるためには、その制度の恩恵を最も多く受けてきたお金持ちが、制度の維持に一定の責任を持っているという意味も含まれている。このように賢明なお金持ちたちは共に生きるということが何を意味するのかをよく理解している。

　スウェーデンでSAAB、ABBなど10社あまりの世界的超優良企業を保有し、国富の3分の1を占めているというヴァレンベリグループは、一見すると韓国の大企業や財閥に似ているが、その内容を見れば全然違う。彼らは2世に質素な生活を学ぶように教える。国が必要とする時は、一番先頭に立って何かをすることを義務と思うように家風を作った。

　そして、韓国の財閥系大企業のように統一された財閥会社名を使わず、企業がそれぞれの理事会を通じて支配されることを認め、その枠組みの中で「持分ではなく、力量を通じて」リーダーシップを発揮している。そして持株会社に集められた利益は巨大な社会的財団、特に有名な科学技術財団を通じて社会に還元し、国民の愛と尊敬を集めている。皇帝経営と呼ばれ、脱法行為まで動員して世襲する韓国の財閥系大企業とは大きな違いがあることがわかる。

　もちろん彼らにも大きな危機があり、その過程で社会民主党政権、労働者階級とのビッグディールもあった。その過程で差別的議決権のように支配構造を保護する安全装置を持つようになった。韓

国がこのような社会的議論構造を持てなかった現実がとても残念である。しかし、基本的に彼らと私たちの大企業は富に対する哲学、社会的責任に対する認識、ノブレス・オブリージュに対する観念などであまりにも大きな差があるように見える。社会的信頼が土台になってこそ社会的議論も可能だ。そして、このような社会的信頼はただ与えられるものではなく、努力して積極的に獲得しなければならない。すなわち、国民が先に大企業に愛と信頼を送るのではなく、大企業が自ら国民から愛と信頼を得なければならない。

同伴成長と CSR、SDGs、ESG、CSV

　今も続くグローバル経済危機は、一時的な危機ではなく慢性的な資本主義の危機だと言われている。それで危機克服ではなく危機に適応しながら生存を模索しなければならない時代を迎えて、認識の転換が必要だといわれている。今日の企業が短期的な繁栄を夢見るより長期的に持続可能な経営を話題にする理由もここにあるのだろう。

　企業の「サステナブル経営 (持続可能な経営)」が話題に浮上すると多くのことが変わった。サステナブル経営をどうすべきかを悩んでいた企業は、伝統的モットーである利益追求と消費者満足を超えた何かを探さなければならなかった。企業の製品とサービスを購入する社会共同体が揺らぐと、企業の生存も脅かされざるを得ないためである。市場が崩壊している状況で売上と利益を計算することが何の意味があるだろうか。それで外国では企業が「サステナブル経営」のために環境と共同体に注目している。昔は環境団体がプラカードを持って企業に抗議する姿をよく見かけたが、今は持続可能な経営をするための企業の協力パートナーとして認められている。

持続可能な経営の目標は健康で成功した社会共同体を作ることだ。そうしてこそ、企業も生存と利益を保証してもらえるからだ。極めて常識的なこのテーマは結局、企業だけでなく社会、国家運営の話題になり、新しい資本主義を模索する流れを作り出している。今日流行っている CSR、SDGs、ESG はその具体的な事例である。

　韓国社会が産業化していく時期に、企業家、特に大企業は企業報国、事業報国、技術報国のようなことをよく宣伝していた。過去、現代の鄭周永（ジョン・ジュヨン）、サムスンの李秉喆（イ・ビョンチョル）、ポスコの朴泰俊（パク・テジュン）のような先覚者たちは企業を経営して愛国愛族を実践していた。産業化の過程で形成され始めた韓国の企業観の中には、企業の社会的役割や責任に対する意識が強く位置づけられていた。今日、韓国企業も革新を通じて利潤を追求する一方、企業の社会的責任を果たし、多様な社会的価値を創出して、人類の繁栄に寄与しなければならない。

　しかし、企業からすれば「グローバル市場で他国の会社と競争することも難しいのに、我々にあまりにも多くの責任を負わせるのではないか」という不満が出てくる可能性もある。もちろん、利益の追求が企業の目的であり、本質である。自由市場経済において、企業の利潤追求は徹底的に保障されなければならない。しかし一方で、欧米では、企業主導の社会的価値の創出が企業の生存と成長のための新たな必要条件として定着しつつある。

　2003 年を前後して韓国社会に「持続可能報告書」という形で CSR(企業の社会的責任、Corporate Social Responsibility) が紹介された。CSR が知られ始めた 1950 年代の欧米で、企業の社会的責任は利益を最大化して雇用をより多く増やし、賃金をより多く支払い、税金をより多く納めることだった。以後、企業の社会的責任に対する積極性が要求されはじめ、CSR は企業が利益だけを追求する

のではなく、環境保護、ボランティア、寄付活動などを通じて社会に貢献する活動として認識されていく。これと並行して2002年には企業に市民的義務と責任を付与する「GCC(よい企業市民、Good Corporate Citizenship)」も登場する。「企業市民」は成熟した市民が社会共同体のために積極的に善行を実践するように、企業も経営活動で社会発展のために社会的役割と責任を果たさなければならないという考え方である。

　ノースウェスタン大学(Northwestern University)のフィリップ・コトラー(Philip Kotler)教授は、「善行(Good Works)」は今や企業生存と繁栄の必須条件であり、公益と企業利益のバランスを取ることが今後の企業の生存戦略として定着すると指摘している。言い換えれば「善良な企業」を追求することが「強い企業」につながる時代が始まっている。韓国社会も企業の社会的責任に基づいた価値経営が企業生存の必須要件になったことを意識し始めている。

　日本社会でも多く言われているSDGsもCSRの一種である。SDGs(持続可能な開発目標、Sustainable Development Goals)とは，2015年9月の国連サミットで加盟国の全会一致で採択された「持続可能な開発のための2030アジェンダ」に記載された。2030年までに持続可能でよりよい世界を目指す国際目標である[16]。SDGsは発展途上国のみならず、先進国が自ら率先して取り組む普遍的な価値であり、日本も積極的に取り組んでいると聞いている。

　一方、私が同伴成長の伝道師と自称しながら、力を入れて強調してきたのも企業の自発性である。利潤の創出という企業本来の任務を忠実に遂行しながらも、持続可能で健康な経済生態系を構築するのに大企業が自主的かつ積極的に乗り出してほしいという要請だった。

---

16) SDGsは17のゴールや169のターゲットから構成され，地球上の「誰一人取り残さない(leave no one behind)」ことを誓っている。

最近、注目を集めている ESG も、企業の持続可能性を測定する非財務的な指標である。本来 ESG(環境・社会・支配構造、Environmental・Social・Governance) は、2006 年に国連が PRI(責任投資原則、Principles for Responsible Investment) を発表した際に注目された投資原則だった [17]。

　ESG は環境に対する国際的な関心が高まって注目を集めたが、その後 2020 年の新型コロナウイルス感染症のパンデミック以降、世界的に関心が急増している。なぜならコロナ禍でグローバル経済危機が触発され、それに対応するために投資家は各企業に持続可能な経営を要求し、企業の透明な経営体制を強調する ESG が再評価されたためだった。

　一方、企業の社会的責任に含まれる経済的二極化と不平等は ESG の中でも少し不慣れな議題かもしれない。S が根本的に E と G に比べて遅れている理由は、性別・多様性・賃金格差・差別など社会的議題があまりにも広範囲で、大衆が簡単に近づける話題性が不足していたためだと思われる。しかし、投資家と消費者は持続的に企業の社会的責任に対する関心を拡大しており、企業の社会的ソリューションに対する需要はさらに増加すると見られる。

　2022 年 1 月、韓国の金融委員会は資産 2 兆ウォン以上の上場企業に 2025 年から、その他の上場企業には 2030 年から ESG 公示を義務化した。世界最大のグローバル資産運用会社であるブラックロック (Black Rock) は、ESG 投資が投資家に必須の考慮要素だと強調している。最近、国内外の金融機関も ESG 指標を活用して投資と金融に対する意思決定に反映している。ESG 経営はすでに私たち

---

17) その他にも SRI(社会的責任投資、Socially Responsible Investment) がある。初期倫理的側面を強調した SRI が特殊な投資方式だと認識されたのに比べ、ESG は倫理的側面も意識するが、優先されるのは経済的収益だ。ただ、最近 ESG と SRI は同じものとして理解されている。

の目の前に現実として近づいている。

　一方、CSR(企業の社会的責任)に対する要求は2011年ハーバード大学のマイケル・ポッター教授とマーク・クレイマー教授が提示した「CSV(共有価値創出、Creating Shared Value)」に進化する。CSVは、企業活動そのものが社会的価値を創出すると同時に、経済的利益を追求し、長期的な競争優位を確保する企業成長戦略である。CSRが企業利益の一部を事後的に社会に還元するものであれば、CSVは市場経済的価値と社会的価値を同時に、あるいは先行的に創出するビジネスモデルと言える。

　これをよりわかりやすくパイに例えると、CSRが余剰資本を配る「残ったパイを分ける」方式だとすると、CSVは企業が事業目標を立てて実現する過程で公益と企業利益の均衡のために「パイを大きくする」方式である。これには「人のものを奪って分けよう」ではなく「みんなでパイを大きくして分けよう」という同伴成長の哲学が込められている。私は企業が社会的責任を果たすためには、究極的にCSVすなわち同伴成長を取り入れなければならないと思う。

　現在、ポスコ、SK、サムスン、現代自動車など韓国の財閥系大企業も企業の社会的責任を多様な方法で実践している。協力企業の満足度を調査し、取引公正性、利便性、代金支払い、役職員清廉度などに関する取引慣行を改善し、技術および経営コンサルティングを提供して新技術の共同開発、原価節減、生産性向上、品質革新、海外市場開拓、ESG懸案解決、スマート工場構築を支援している。しかし、依然として大企業と中小企業の甲乙関係は存在しており、また表向きは同伴成長を履行するとしながらも、実際には不公正行為が摘発され、課徴金を納付する事例もたびたび発生している。残念ながら、現在、韓国の大企業が社会的役割と責任を果たしているとはとても言い難い。

企業の社会的責任に基づいた価値経営は、今や選択ではなく企業が生存できる必須要件となっている。企業投資と製品・サービス購買で企業の社会的寄与度が選択の重要な基準になる傾向が広がっている。企業は自分にも利益になるが、他人にも利益になる「利他自利」の経営を通じて利益を追求しながら、遵法経営を超えて倫理経営を定着させ、社会的価値を創出し共有するよう努力しなければならない。社会問題の解決は、きっと企業革新の限界を突破する鍵になれる。

同伴成長は持続可能な成長の必要条件である

同伴成長は、国家経済の持続可能な成長のための発展モデルである。その中でも大企業と中小企業間の同伴成長は、新しい資本主義を模索する大きな流れにおいて、具体的な実践策だ。持続可能な成長のために「長期的」に最も重要なことは、私たちの教育システムを根本的に改革し、研究開発 (R&D) を革新することだ。しかし、教育システムが改革され、研究開発が革新され、経済が持続可能な発展を遂げるのを待つには、相当な時間がかかるだろう。したがって、比較的早い成果を出せる発展モデルが必要だ。それがまさに同伴成長だ。

同伴成長に先立ち、教育システムの改革と研究開発について少し考えてみたい。韓国は開発は得意だが、研究は苦手な国としてよく知られている。韓国のように産業構造が高度化した国は先端技術、源泉技術、核心技術があってこそ投資が持続的に行われる。これを開発するには研究をしなければならない。しかし、私たちは他人が研究したことを持ってきて開発することは上手だが、独自的な自主

研究が難しいため、投資が活性化できない。

　先端技術、源泉技術、核心技術には、すべて創意性がなければならない。創意性とは、物事を今までとは違う見方で見ることだ。そのためには、まず質問しなければならない。自分に聞いて、他人にも聞かなければならない。韓国国民の教育熱は世界の多く人が知っているほど非常に高い。2009年に就任したバラク・オバマ米大統領は、議会演説やタウンホールミーティング、学校現場の訪問など機会があるたびに韓国の教育を称賛した。「韓国の子供たちはビデオゲームやテレビを見ることに時間を浪費せず、数学・科学・外国語を学んでいる」(2009年)、「韓国の教師の給与は医師水準で尊敬もされている」(2015年)と話していた。しかし、オバマ大統領が韓国の教育から学ぼうとしたのは、韓国の教育システムがよいという意味ではなく、米国国民が韓国人の教育熱を学んでほしいという意味ではなかっただろうか。ところが、一部のマスコミと関係者は、「韓国の教育システムの優越性を称賛している」として、大学入試中心のスパルタ教育を持ち上げて、誉め称えた。そのため韓国において教育の本質に対する熟慮はもう一度水泡に帰し、現在の教育問題は免罪符を得て、そっと水面下に沈もうとしている。

　オバマ大統領の称賛はありがたい。しかし、私は未来学者のアルビン・トフラーの評価にもっと共感する。彼は韓国の教育について、「韓国の学生たちは一日10時間以上を学校や塾で、未来に必要ない知識と存在することもない職業のために時間を浪費している。韓国の教育は、結果的には工場の人材を作る作業にすぎない」と言った。子供たちの夢や意欲を伸ばせない、創意性を窒息させる金太郎飴教育をやり直すべきだという彼の指摘には頭が下がる思いだった。

　オバマ大統領が学ばなければならないと言った韓国の教育熱に

劣らず、教育熱が高い人たちにユダヤ人がいる。しかし、教育の方針では多くの違いが見られる。ユダヤ人は学校から帰ってきた子供に「今日先生に質問を何回したの」「どんな質問をしたの」と尋ねるのに対して、韓国人は「成績は何位だったの」「何点取ったの」のような質問がほとんどで、その中で最も上品な質問が「今日先生の質問に何回答えたの」だった。

質問は好奇心から出る。好奇心は教科書や参考書を覚えたからといって出てくるものではない。好奇心は読書をして、旅行をして、人に会うことで生じてくる。人と人が考えを分かち合い、アイデアをやり取りする過程で好奇心が生まれる。ところが、韓国の教育システムはこのような好奇心を根本的に遮断している。

実際、私たちの教育現場を覗いてみると、教師と生徒の間で討論や討議ではなく、単純に教えて習う受動的な授業が主流である。教育の目的が創意的思考を通じた問題解決力を育てるのではなく、各種試験でより少なく間違うことにあるからだ。「なぜ」「どうして」と質問すると「そのまま覚えなさい」と答えるのが韓国教育の現実だ。

現在、韓国の教育は総体的な手抜き作業に陥っていると言っても過言ではない。経済学的に言えば、インプットよりアウトプットが少ない状況だ。人的・物的資源、公的・私的資源が多く投入されている。しかし、それに比べて優れた人材が出てこない。大学卒業証書を取得し、各種資格証を取得して学位を取得したからといって、全員が人材になるわけではない。人材とは健全な常識と相当な専門知識を持っているだけでなく、変化する未来社会に対処できる能力を備えた人をいう。韓国の学生たちは今、専門知識は多いが、健全な常識と未来に対処できる能力は相対的に不足している。未来の創造的人材を育てるために、韓国の教育は何をいつからどのように教えるのか、より多くの工夫をしなければならない。そして、これを現実の教育現場に適用する教育システムの改革が必要だ。

これに対する私の考えを短く整理すれば、何を教えるかについては体力、危機克服力、創意力、大胆さ、そして国語や数学などの教科学習がある。どのように教えるかでは、教育方法を現在の詰め込み式から離れて、討論の方式に切り替えなければならない。そして読書や多様な体験なども教育の一つとして受け入れ、現在よりさらに体系的なカリキュラムを作らなければならない。そのようにすれば、それぞれの学生が昔から韓国教育の目標だったバランスの取れた知徳体を育むことができると信じている。

　一方、韓国の研究開発投資は短期的成果を早急に要求してきたことから果敢に抜け出し、もう少し長期的な観点を堅持する必要がある。そして研究開発においても、トップダウン (Top-Down) を止め、ボトムアップ (Bottom-Up) にアプローチする必要がある。

　このように教育を改革し、研究開発を革新するとしても、その経済的効果が現れるにはかなり長い時間がかかるだろう。一方、韓国の大企業と中小企業が共に成長できる好循環な生態系を作ることは、その経済的効果が比較的短期間に現れるだけでなく、持続的成長のためにも必ず必要な先行条件だ。その上、教育の改革と研究開発の革新が成功して長期的な効果が現れようとしても、大企業と中小企業が共に成長する環境が整っていなければ、その効果は半減するしかない。

　大手製薬会社のファイザーとメルク社は、研究開発の予算を数兆ウォンずつ使っていて、社内に数多くのチームと研究所を世界のあちらこちらに保有している。それにもかかわらず、数百社の中小企業と研究開発パートナーシップを結んでいる。彼らは初期の研究開発を行っている小規模バイオ企業を絶えず物色し、彼らの技術をライセンスしたり、最初からその会社を買ってしまう傾向がますます強まっている。なぜそのようにするのか。それは、このような大

手製薬会社もすべての研究開発分野で最高であるわけではないからだ。世界最大のソフトウェア会社であるマイクロソフトもソフトウェアエンジニアを数万人も保有している。しかし、全世界にわたって中小企業と協力し、支援を受けながら製品を開発している。

　中小企業は特定のニッチ分野において専門性のある場合が多いが、巨大なチームを組んで複雑な環境でプロジェクトを管理した経験はほとんどない。一方、大企業は幅広い技術的ポートフォリオを持っているが、特定の技術分野に対する深い専門性が不足している。もちろん、大企業は複雑な巨大プロジェクトを管理し、異なる文化と言語、専門技術、ビジネスアプローチを持つ多様な構成員を一つのチームにまとめることにおいては確実な比較優位を持っている。これからはダビデとゴリアテが戦うよりは、大企業と中小企業が互いに異なる役割を果たしながらも、共に力を合わせてより大きな技術進歩と革新を成し遂げなければならない。これは大企業と中小企業が既存の上下的な主従関係を止め、互いがウィンウィンする真のパートナーとして同伴成長する時、初めて可能になるだろう。

同伴成長は格差社会解決の鍵である

　同伴成長は格差社会の二極化問題を解決するためにも欠かせないものである。韓国は政府と国民の努力で 1997 年のアジア通貨危機と 2008 年のグローバル金融危機を克服した。しかし、その果実は少数の大企業だけに偏重され、二極化はさらに進んでしまった。

　二極化は所得格差を表すさまざまな統計指標でも確認できる。まず、韓国統計庁の「家計金融福祉調査」による再分配所得ジニ係数は、2000 年の 0.28 から 2009 年の 0.32、2013 年の 0.372 に

高くなった後、少しずつ改善されて 2020 年には 0.331 になっている。ジニ係数は 1 に近いほど所得格差がひどいという意味である。ただ、当初所得ジニ係数は 2013 年の 0.402 から 2020 年の 0.405 に上昇している。

　また、国税庁が 2011 年に発表した資料によると、上位 20% に該当する人たちの 1 人当り所得額は 1999 年の 5829 万ウォンから 2009 年 9020 万ウォンに 54.7% 増加した。一方、下位 20% の 1 人当たりの所得額は、同期間 306 万ウォンから 199 万ウォンへと 53.7% も減少した。上位 20% は 10 年余りの間に所得が 1.5 倍増えたが、下位 20% は半分以上も所得が減っている。この二つの集団間の所得格差が 1999 年には 19 倍だったのが 2009 年には 45 倍を超えてしまった。月給を受け取る給与生活者も上位と下位 20% の所得格差は 5 倍を越えていた。

　2022 年 2 月、国税庁の統合所得千分位資料によれば、2020 年基準統合所得上位 10% 所得者の 1 人当り平均所得額は 1 億 3673 万ウォンと集計された (勤労所得と利子・配当・事業・年金・その他所得を加えた合算額)。上位 10% 全体統合所得である 336 兆 1136 億 7600 万ウォンを該当所得者数 245 万 8194 人で割った金額である。文在寅政府前の 2016 年基準統合所得上位 10% の 1 人当り年平均所得は 1 億 2244 万ウォンで、4 年間で計 1429 万ウォン (11.7%) が増加した。年度別では 2017 年 1 億 2791 万ウォン、2018 年 1 億 355 万ウォン、2019 年 1 億 3226 万ウォンとそれぞれ集計され、毎年着実に増加している。

　一方、同期間、統合所得下位 10% の 1 人当たりの年平均所得は 17 万ウォン (9.6%) 増加している。統合所得下位 10% 所得者の 1 人当り年平均所得は平均 2016 年の 178 万ウォンから始まり 2017 年の 186 万ウォン、2018 年の 200 万ウォン、2019 年の 207 万

ウォンと次第に増え、2020年では196万ウォンに少し減っている。2020年に前年比5%ほど(11万ウォン)所得が減少したのは、新型コロナウイルス感染症の大流行が原因だろう。

これに伴い、漸進的に減少傾向を見せていた両集団の所得格差は新型コロナウイルス大流行の初年度である2020年に再び増加した。2016年基準の上位10%の1人当たりの年平均所得は下位10%の68.6倍だった。該当倍率は2017年の68.7倍、2018年の65.2倍、2019年の64.0倍に減少傾向を見せたが、2020年では69.8倍に再び増えている。

また、2010年を前後して自営業者と中小企業の領域だったMRO(Maintenance・Repair・Operation、消耗性資材購買代行業)、SSM(Super Supermarket、企業型スーパーマーケット)、金型事業などはもちろん、外食事業、ブライダル事業などに大企業が無差別に進出する事例が増えていた。そしてサムスン・現代・SK・LGの4大財閥の2010年の売上高（国外売上を含む）は603兆3000億ウォンだった。売上高とGDPの単純比較は難しいが、4大財閥の売上高は同年度の韓国のGDPに対して51%に相当する。また、韓国銀行によると、大企業の税前純利益率は2007年の7.9%から2010年の8.4%に増加した。しかし、中小企業は3.8%から2.9%へと下がった。大企業はますます強くなる一方で、中小企業はますます弱くなっていた[18]。

今、米国をはじめ西欧諸国を覆っている大不況の暗雲は、もちろん米中対立・コロナ禍・ウクライナ戦争などが影響しているもの

---

18) 2010年、韓国社会の二極化問題の解決のために発足した同伴成長委員会はMROやSSMといった事業を共生協約業種に指定して財閥の進出にブレーキをかけた。2020年の4大財閥の売上高は778兆ウォンで、同年度の韓国のGDPに対して40.4%に相当する。10年の間大きく改善されたともいえる。しかし、2007年の29.1%に比べれば今だ途方もなく大きいことには変わりない。

の、そもそもこのような社会経済的二極化問題を放置してきた結果という側面が大きい。市場至上主義を叫びながら独占と経済的不平等を軽くあしらった結果がどんなものか、私たちはよく見なければならない。米国の場合、2007年の上位1%が全体所得の23%を占めていた。大恐慌が始まった1928年以降初めてのことだった。1980年から30年間、米国人の一般賃金はインフレを考慮すればほとんど上がらず、2009年を基準に10年前の1999年と比較した時、米国の純雇用増加がゼロだった。米国の現代史で類を見ないことだった。実際、雇用は永遠に不変的なものではない。状況によってはなくなることもあるが、新しい働き口が創出されて代替されることが資本主義の原理といえる。この原理がまともに作動しないということは、その社会がすでに正常ではないことを意味する。ところが、さらに憂慮されるのは最近新しい雇用の創出がきわめて難しいということだ。

　雇用創出が低迷している理由としては、技術発展にともなう自動化、国外へのアウトソーシング、バブル崩壊など多様な原因が作用している。しかし、米国の多くの戦略研究所は新たに浮上してきた「独占」現象をその原因として注目している。いくつかの企業と金融資本の独占化がますます大きくなり、多くの雇用を創出する中小企業が相次いで倒産したため、雇用そのものが減ってしまった。

　レーガン、ブッシュ政権を経る間、既存の反独占法の条項の多くが無力化され、何度かのM&Aブームと金融危機を経て強力な独占現象が現れている。さらに、このような独占現象は金融・流通・製造業などほぼ全分野にわたって現れている。例えば、2013年、米国の5大銀行が全金融資産の48%をコントロールしている。2000年に比べて約2倍増加した数値だ。地方都市のデパートはほぼ全滅しており、いくつかの流通網が全国を支配している。ビール

や牛乳など、ほとんどの生活必需品市場で多様なブランドが競争しているように見えるが、実はいくつかの会社が市場を掌握している。遺伝子組換え作物で有名だったモンサント社 (Monsanto Co) はトウモロコシや豆といった農作物の市場をほとんど掌握していた。

　それでは、市場を独占した会社は規模が大きくなったからといって、雇用も大幅に増やしただろうか。韓国の財閥は働き口と関連して時々不満を言う。我らは毎年雇用人員を増やしているのに、なぜ自分たちが働き口不足の原因だと名指しされるのか、これはおかしいということだ。しかし、彼らが言う雇用人員の増加は財閥の貪欲な独占化のために消えた中小企業の働き口の数と比較すると非常に足りない。それに大企業入社の敷居はどれだけ高いことか。

　巨大企業の独占化は雇用創出に貢献するところがほとんどない。独占で市場を掌握した企業は新しい投資や雇用創出の動機がそれほど大きくない。そうしなくても売上や営業利益が保障される独占を成し遂げたのでもっと人材がほしいとは思わない。そのため、独占企業はほとんど自分の市場支配力を武器に消費者により多くの負担を負わせ、部品の下請会社には納品単価の引き下げを公然と要求する。一方、このような環境の中で中小企業の成長機会ははるかに減ることになる。新しい雇用を増やす余地がそれだけなくなるのだ。このように大企業の貪欲と独占は二極化をさらに深化させる悪性腫瘍である。

　二極化は企業の利益追求の極端的な様相を呈してさらに深刻化する。企業の役割は利潤追求と共に多くの人が就労の機会を新たに作り出す雇用創出だ。ところが企業が極端な利潤追求だけに執着することになれば、少なくとも残っていた「生産的な働き口」さえもなくしてしまう。実際、企業は利益が得られる方向へ動くことになっている。例えば、かつてゼネラル・エレクトリック社(General

Electric Company、GE)は総合電機メーカーとして研究開発に多くの投資を行う企業だったが、今では金融部門で最も大きな営業利益を得ている。それでゼネラル・エレクトリック社は「企業買収を通じた革新(Innovation through Acquisition)」という新造語が作られるほど買収合併を通じた成長をより好むようになった。企業の特性と利益の創出方法がこのように変わってしまえば、企業としては多くの雇用を維持していく理由があまりない。

　このように新しい独占現象と金融資本への集中による大企業と中小企業間の二極化現象は、米国経済の活力を落とすだけでなく、社会全般的な二極化をもたらし、経済正義と社会統合を崩す深刻な問題となった。

　我々が注目すべきことは、このような米国社会の問題がまるでデジャヴュのように見えるということだ。太平洋を渡って米国で起こっていることが、韓国とあまり大差がない。G20国家の中で、韓国のように大企業と中小企業の二極化現象が深刻な国もないだろう。さらに大きな問題は、このような格差が全く改善される兆しがなく、むしろさらに深化または固着化しているという点だ。このように中小企業の成長基盤が脆弱になれば、経済全般の活力が落ちることになる。そして失業者と非正規職が増大するなど国家競争力と社会統合の側面で深刻な問題を呼び起こす。このような否定的なイシューは新聞や放送で見られるような他人事ではない。私の両親、兄弟、子供のうち一人はこの問題から逃れられない。実際、大多数の中小企業は利子を返済して賃金を払えば残るものがないと訴える。雇用の88%を占める中小企業の労働者賃金もほぼ横ばいだ。しかし、食料品と生活必需品の価格は1年間で少なくとも6%以上値上がりしている。

　韓国社会が解決しなければならない最大の課題が格差社会とい

うことには異見がない。保守と進歩、与党と野党いずれも韓国社会で富の二極化が危険な水準にまで達したと口を揃えて言っている。1人当たりのGDPが3万1000ドルというのは国民所得の平均値にすぎない。お金持ちは依然としてお金持ちで、多くの国民は依然として貧困から脱していない。ケインズの次のような警告は今もぞっとするほど的を射ている。

　「狼の群れの自由が羊の群れには死を意味するように、経済的自由の名で繰り広げられる弱肉強食の制限のない競争は勝者の貪欲と敗者の飢えで二極化するだけだ。」

　深刻な二極化や富の不均衡のため、多くの国民は借金に苦しんだり、生活費を心配したりしなければならない。韓国の借家制度は、月貰(ウォルセ)と伝貰(ジョンセ)がある。月貰は日本の家賃と一緒だが、伝貰は韓国固有の制度で、契約期間の初めに家主にまとまった大きな保証金を預けて、契約期間の終了後にその保証金が全額戻る仕組みになっている。しかし、格差社会になっていくと伝貰に住むことも難しく、家賃は高騰しているため、庶民の悩みがさらに深まっていく。食べていく問題のために深いしわが増えていく人々に、隣人と共同体の問題に関心を持つようにと期待することは難しい。庶民が食べていく問題から離れて隣人と共同体に視線を向ける時は、もうこれ以上我慢できないと「怒りの連帯」を作り上げて街頭に出る時だろう。怒りの連帯は葛藤と混乱の起爆剤になって、すべてをひっくり返そうとする。その時になってようやく政府と企業は慌てて対策を講じる。しかし、すでに社会は破滅の渦に巻き込まれ、起死回生すら期待できない状況になりかねない。

　同伴成長は、このような破滅を防ぐ予防ワクチンである。ところが一部では同伴成長を「大企業に賦課するもう一つの負担」と非難する。その上、同伴成長がポピュリズムだと歪曲したりもする。

暴れる狼の群れから羊の群れを守るのがポピュリズムなら、羊の群れを守る方法は一体何があるのか。

　羊の群れを保護するためには垣根をしっかり作って、広い草むらを提供することが重要だ。すなわち、二極化問題を克服するためには福祉システムをしっかり作って、福祉の恩恵を受けられる範囲も拡大しなければならない。しかし、空っぽの蔵だけでは何もできない。今すぐ目の前の大雨を避けるために蔵のすべてを使ってしまえば、寒い冬を安全に越すことはとてもできない。そのため、市場経済に対する信頼を取り戻し、経済を活性化することが重要だ。福祉もお金があってこそ可能なことだ。成長のない福祉はさらに大きな問題を誘発する恐れがある。したがって二極化を拡大する成長ではなく二極化を緩和する成長が必要だ。福祉は問題の解決策ではなく補完策として使わなければならない。これらすべての問題を同時に解決する策は、同伴成長を通じて中小企業の成長基盤を強化させ、雇用が拡大することで庶民の暮らしを安定させることである。

慶州の大富豪、崔家から
見る韓国の財閥総帥たち

　歴史的に韓国で最も大きな蔵を持っていた大金持ちは誰だろうか。それは12代にわたって400年もの間、富を引き継いだという慶州の大富豪一族、崔家だろう。崔家の大きな蔵は米700〜800石を同時に保管できるという大きな規模に驚かされるが、さらに驚くべきことはこれが自分たちのためではなく、近所や隣人のためのものだったという事実だ。崔家の人たちは、四方100里以内に飢え死にする人がいないようにしなければならないという隣人愛の哲学を実践するため、凶作になると、この蔵を開けて米を配ることで、共に困難を克服していた。

　大金持ちの崔家の蔵ほど有名なのがその家の舎廊房（サランバン）だった。舎廊房は韓国の伝統的な住宅で家長の生活空間であり、ゲストを迎える空間でもあった。訪れる客は身分を区分せず、無条件に厚くもてなすという家門の教えを実践するために、1年間の小作収入である米3000石のうち1000石を客の接待に使ったという。その上、客が帰る時はサンマの干物1組(2枚)と1日分の食糧を

＜慶州の大富豪、崔家の蔵＞

与えて送ったというから、貧しくて空腹の人たちはわざわざ崔家に
立ち寄るほどだった。このため、客が多い時は大きな舎廊房と小さ
な舎廊房を合わせて数百人を超える時もあったという。

　このように問い詰めることもなく、ただ無条件に与えるだけな
ので、3代どころか2代でその資産がなくなるのではと思うだろう
が、どうしたわけか、崔家は12代にわたって400年も1万石の
大金持ちとして続いていた。その最後の財産さえもすべて社会に還
元するかたちで整理された。「お金持ちは3代まで続かない」とい
う韓国の諺をあざ笑うかのように、崔家の人々が長年富を維持し続
けた秘訣は、他でもない同伴成長の精神にあった。

　大金持ちの崔家には古い伝統として守られてきた家訓があった。
「進士以上の官職には就くな」「財産は1年に1万石以上を集めるな」
「凶作の年には他人の田、畑を買うな」「家門の嫁たちが嫁入りすれ
ば3年間木綿の服を着せろ」以上の4か条がまさにそれだ。代々、

このように共同体のための同伴成長の精神を守ってきたため、大金持ちの崔家は長年最高の富を維持しながらも、隣人の妬みや恨みの代わりに尊敬や称賛を受けることができた。

　上り坂があれば必ず下り坂があるという言葉のように、大金持ちも結局は滅びる日がある。しかし、長年富を受け継いできた大金持ちの崔家は、国と隣人のために自らその富を手放す美しい結末を迎えた。大金持ちの崔家の財産は日本による植民地時代の時、独立運動資金として相当部分が使われた。使い残された資産は韓国独立の後、嶺南大学の前身である大邱大学に寄贈することで、隣人と子孫に学びの場を提供した。

　よく大金持ちと言えば、チャールズ・ディケンズの小説の主人公であるスクルージ爺さんのように、自分にも他人にも一様に与えないドケチを思い浮かべたり、あるいはブランド品・宝石を身につけて、最高級乗用車を運転する成金を思い浮かべたりするものだ。それだけ韓国人の頭の中でお金持ちはケチな人か、自分しか知らないエゴイストとして認識されている。しかし、私たちは彼らをただ「大金持ち」と呼ばず、その前に必ず「けちんぼ」「守銭奴」「成金」「悪徳」などの修飾語を付ける。しかも、これは１代にとどまらない。慶州の大金持ちの崔家の名声が数百年間続いたように、このような恥ずかしい修飾語も子々孫々受け継がれるようになっている。彼らが富をすべて失った後でも、韓国の歴史は彼らを情けなく恥ずべきお金持ちとして記憶するだろう。どうかこのような不名誉が子孫にまでつながらないように、今からでも大きな蔵を開けて隣人と共に幸せになれる大金持ちがたくさん出てくることを願う。

　「財物は糞尿（堆肥）のようで、一か所に集めておくと悪臭がして耐えられず、満遍なく四方に散らせば肥やしになるものだ。」

　慶州の大富豪崔家の最後の当主だった崔浚が、一生胸に刻んで

生きたとされるある老僧の金言のように、今この社会のあちらこちらで漂う悪臭が花を咲かせ、木を育てる健康な肥やしになるためには、自分の手に入ってきた富を掴んで離さないのではなく、満遍なく四方に撒くことが必要だ。

共に生きることが幸せに富を築く秘訣だ

　慶州の大金持ち崔家のエピソードからもわかるように、韓国の昔のお金持ちの家は富を蓄積する過程で、やってはならないことを厳格に守っていた。私が青少年期だった 1950 年代後半から 1960 年代初めまで韓国のお金持ちは主に地主だった。その時はお金持ちもあまりいなかったが、お金持ちが力のない農民から大小の土地を頻繁に買い入れて、自分の子供たちに相続させたという話はあまり聞いたことがない。しかし、近年の韓国国民の目に映った財閥の行動は、まさにそのような姿だった。

　韓国スーパーマーケット協同組合の推定によると、財閥系大企業が路地商圏を蚕食した結果、2006 年に 9 万 6000 店に達した面積 150 平方メートル以下の零細スーパーマーケットが 2009 年には 8 万 3000 店に、2010 年には 7 万 5000 店に減り、4 年間で 2 万 1000 店が消えたという。このような企業型スーパーマーケットの路地商圏侵害が社会的問題になると、大企業の持分が半分を超える SSM 店舗を調整する新しい制度が作られた。すると大企業は持分率を 45 〜 49% にして開業する方式で規制を巧妙に避けた。2011 年以降、新店舗の半分ほどがこのようなやり方で規制を回避した大企業の店舗だった。

　財閥の系列会社の数だけ見ても、30 大財閥企業は 2006 年 731

社から2011年には1150社へと、5年でほぼ2倍近い歴代最高水準に増えた。系列会社の数は2021年もこの水準を保っている。これではタコ足のような拡張ではなく、百足（ムカデ）や馬陸（ヤスデ）のレベルの拡張と言わざるを得ない。財閥はこのような系列会社の拡張が正当な投資だと抗弁するだろう。しかし、彼らの規模があまりにも大きくなったため、このような拡張は中小企業の息の根を止める寡占の横暴に見られてもしかたがない。

2012年12月、韓国全土を熱くした大型ディスカウントストアの「半額メガネフレーム」事件があった。「トンクンチキン（太っ腹チキン）」事件の時と同じように零細自営業者を配慮しない大企業のマーケティング戦略に国民の視線は穏やかではなかった。安い値段でチキンを食べることができ、安い値段でメガネフレームを購入することができたが、多くの消費者は自分の利益よりは零細な店を経営しながら生計を立てている町内の隣人を先に考えていた。

大企業はディスカウントストアに顧客を誘致するためのマーケティング戦略の一環であっただけで、実際の販売利益はあまりなかったと苦しい言い訳を並べていた。その言い訳をそのまま受け入れるとしても、これらの事件で私たちが注目すべき点は、韓国国民が大企業に対してどのような心理的態度を見せたのかということだ。

今日の韓国の発展は、大企業の発展と共に歩んできた。大韓民国の成功神話は、故鄭周永（ジョン・ジュヨン）会長をはじめ、今日の大企業を築き上げた創業英雄たちを切り離しては説明しがたい。しかし、いつからか韓国の大企業は21世紀を生きていく韓国社会の歪んだ英雄になった。強者には弱く、弱者には強い。政経癒着の被害者のようだが、実際には政経癒着の企画者であり、利益のために手段と方法を選ばず脱法行為も気兼ねなく犯す「太っ腹な」恐竜のように見える。そのため、国民は彼らのマーケティング戦略

を純粋に眺めていることはできない。むしろ「彼らがチキンまで…」と憤ってしまう。

　これでも財閥の総帥が国民に尊敬されることが期待できるだろうか。彼らはなぜ自分たちを尊敬しないのかと、それとなく不快感を示したこともあった。国民が財閥の総帥を尊敬しないため、財閥が投資をしないというとんでもない話をしたりした。もし慶州の大金持ち崔家が生き返ってきたら、今日の財閥の総帥たちをどう思うだろうか。自分の子孫に厳しく禁じていたことを平気でしている財閥の総帥を「やってはならないことをする人々」と考えるのではないだろうか。

　私は慶州の崔家の人々が、ただ慈愛に満ちた人柄であったため、そのような家訓を守ったとは思わない。そうしないと、人が背を向けることを恐れた側面もあったのではないだろうか。人々が背を向けるケチな大金持ち、財産は多くても友人がなく、従う人は多くても自分を心から慕う人がいない独りぼっちの大金持ちになりたくないからではないだろうか。

　多くの田んぼを持っていてもどこに使えるだろうか。人々が田んぼに来て働くことを拒否すれば結局その田んぼは死んでしまう。家が宮殿のように広ければ何ができるだろうか。近所の人たちがみんないなくなった村に宮殿のような大きい家があっても、無人島で独りで贅沢を享受する寂しさから逃れることはできない。慶州の大金持ち崔家は共に生きることこそ、幸せに富を築く秘訣であることを知っていた。

同伴成長の文化とシステム定着の先頭に立つべきだ

　世界的に有名なトレンドコンサルティング会社であるトレンドウォッチ (Trend Watch) の報告書によれば、21 世紀の新しいトレンドを説明するキーワードの中に寛容・雅量・寛大・寄付などを意味する「Generosity」の頭文字を取った G 世代 (Generation G) という言葉がある。この報告書は G 世代が「負担なく自動的に寄付や慈善をする方法を探している」と分析した。これは広く見れば同伴成長の意味とさほど変わらない。

　2010 年にビル・ゲイツとウォーレン・バフェットが米国のお金持ちを招待して財産の半分を社会に寄付しようという運動を展開したことがある。また、彼らは同年 9 月、中国の億万長者を集めて社会的寄付運動を促した。このように始まった米国新興富裕層の社会的寄付運動、「ギビング・プレッジ (The Giving Pledge)」は、中国・インド・ロシアなどグローバルな次元にまで拡大して、2022 年 6 月の時点で 28 か国の 236 名以上の資産家が参加している。

　さらに、新興諸国でも一般大衆の認識とトレンドが変化している。例えば、78% のインド人、77% の中国人、80% のブラジル人の消費者は社会的な善行を行う企業あるいはブランドを好むと答えた。全世界の消費者の平均回答率が 62% であったことを考慮すれば、これら新興諸国がはるかに高い反応を示したことが容易に確認できる。それだけではない。全世界の消費者の 86% が企業は企業利益を重視するのと同じくらい、またはそれ以上に社会的利益を重視しなければならないと答えた。また、インド、中国、メキシコ、ブラジル消費者の 80% は利益の一定部分が善行に使われることを期待していると答えた。

　一方、英国では「社会的企業」の数が 2018 年を基準に 7 万社を越えた。雇用では 200 万人の従業員が働き、総売上も 240 億パ

ウンド (3.5兆円) を超え、GDPの2％、雇用の5％を担当している。「社会的企業」も過去のように「稼いだ後、有意義に使おう」というアプローチではなく「稼ぐ過程でも有意義に使おう」というアプローチに転換したものであり、これも同伴成長と同じ脈絡の社会的な変化といえると思う。

ウォーレン・バフェットやビル・ゲイツのような尊敬されるお金持ちたちは、自分の寄付行為を単なる善行や施しとは考えない。自分が富を蓄積するまで多くの人の助けと犠牲があっただけに、富の社会還元は当然の責任だと考える。さらにウォーレン・バフェットは次のように話し、自分のようなお金持ちが税金をさらに多く払わなければならないとまで主張した。

「庶民層と中流層が私たちのためにアフガニスタンで戦った時、また大多数の米国人が苦しい暮らしをしていた時、私たちお金持ちは莫大な税金を減免された。」

あらゆる方法を動員して脱税を工夫し、お金持ちの減税を主張する韓国のお金持ちとしては到底理解できない高次元の哲学であるわけだ。だからといって我が国の財閥や大企業が皆自身の腹を肥やすことだけに汲々としている「悪徳」のお金持ちと言うわけではない。善良で尊敬されるべきお金持ちではなくても、少なくとも同伴成長の必要性を認めて努力する姿を見せはじめている。

一例を挙げると、ある自動車メーカーは必要な部品を一括購入した後、これを購入価格のまま協力会社に供給するいわゆる「原材料社給制度」を施行している。また、「自動車部品産業振興財団」を中心に技術指導、経営コンサルティング、協力会社の運営資金支援など、さまざまな同伴成長の努力をしている。さらに、中国で社会的責任をよく果たしている企業として高く評価され、中国の消費者からも高い人気を集めているという。しかし、非正規社員や社内

の下請負業者の問題のように、まだ越えなければならない山が多いのも事実である。

　もちろん大企業と中小企業の同伴成長のために努力している大企業がまだ少数で限定された状況であり、拡大し改善されなければならないところが依然として多い。特に同伴成長の現実性、そして持続可能性には懐疑的な人が多い。しかし、少なくとも彼らが現在見せている多角的な努力のおかげで、私たちは再び希望を夢見ることができる。また、今やっと第一歩を踏み出したところなので、その努力をさらに称賛し励ますことで、同伴成長が韓国社会に望ましい文化やシステムとして定着できるように共に力を合わせなければならない。

大きな木と小さな木を一緒に
育ててはじめて森を作ることができる

　韓国社会で今でも信じられている風水学から見ると、家の中に福を呼び込むためには、家のあちらこちらにいい気運がうまく廻らなければならないという。すなわち、家の構造や家具などに、妨げられるところなくバランスよくいい気運が廻ってこそ福をたくさん呼び込むことができるということらしい。あえて風水学的な根拠まではいかなくても、人の体も血液が全身をまんべんなく回ってこそ健康であり、オンドル部屋 [19] の窯に火を入れる場合も温かい熱気がオンドルにまんべんなく伝わってこそ部屋が暖かい。

　一国の経済も一緒だ。国全体が健康になるためには、資本が止まることなく、よく回らなければならない。あるところに資本が集中すれば、経済の動脈硬化現象は避けられない。そのため、深刻な合併症まで発症することになる。誰かが「これは全部俺のもの」と言ってたくさんのお金を大きな蔵いっぱいにぎっしり積み上げていれば、お金のない多くの人々はお腹を空かし、飢えたお腹を満たすために借金をし

---

19) 朝鮮半島でみられる暖房装置。床暖房の原型。

なければならない状況が発生する。このような状況では、経済成長どころか増えていく借金のため、窮地に追い込まれた大勢の人々の怒りも避けられなくなる。一緒に暖かく過ごそうとオンドル部屋に火を入れた。ところが、同じオンドル部屋でも誰かは暖かく誰かは冷たかったら腹が立つのも当然ではないか。オンドルは時間と共に開発を重ねて、今日では床暖房に変わった。だから経済も昔のオンドル部屋ではなく、部屋の隅々まで暖かい床暖房に変えたい。

　実際、韓国社会の資本集中現象は経済の好循環を妨げる主要要因として作用している。そのために韓国経済は家計債務が増え消費が減るなど躍動性を失い成長が停滞している。好循環の構造を再稼動できてこそ、韓国経済は躍動性を回復し、皆が満遍なく暖かい床暖房の恩恵を受けることができる。そのために必要なリフォーム作業が同伴成長だ。

　同伴成長がちゃんと機能すれば、何より大企業から全体雇用の88％を担当する中小企業部門に資金が円滑に流れ込むだろう。そうなれば、中小企業で働く労働者たちにより多くの所得が与えられる。また、家計所得が増えれば借金をする理由もそれだけ減り、内需も回復するだろう。そのように内需が回復すれば、雇用もさらに多く創出でき、二極化もその分解消できる。結局、韓国経済が直面した内需および家計所得の不振、働き口不足、青年失業問題、家計債務問題、二極化、福祉要求などを一気に解決する幸せな好循環の出発点がまさに同伴成長を実践することだ。

同伴成長は資金の流れの水門を開ける

　この20年間、韓国経済の足を引っ張ってきたいろいろな問題は、

実は互いにつながっている。その上、このような問題はすでに韓国経済の古い持病であり、能力や努力に対して低い成果を生み出す。そのため、経済はずっと厳しくなっていった。すなわち、努力しても報われない悪循環の社会になったのだ。その結果、人々の心も冷たくなり、美風良俗が消え、国民の大半が意気消沈して、経済が老けてしまった。まるで長い間血管に溜まったカスのせいで栄養素や酸素の供給が円滑でなく、全身の細胞が老けていくようにだ。キムチは熟成するほどおいしいが、病気は進行するほど死に近づくものである。

　しかし幸いなことは、このような韓国経済が抱える長年の持病が治療できない不治の病ではないということだ。韓国の努力次第で、韓国経済の当面の問題を解決することはもとより、今後さらに発展する可能性も十分ある。持病との熾烈な戦いに挑戦してみる前に、私たちに与えられた宿題を終える前に、国民の所得が3万1000ドルになったので、経済が衰えるのは当然だとあきらめてはならない。私たちが直面した問題の連結の要を断ち切ることで、韓国経済特有の躍動性を回復し、公正な競争と多様なイノベーションが活発に起きる経済に変えていかなければならない。大企業だけがうまくいく経済ではなく、中小企業も強く成長し、家計所得が上がって借金負担も減り、内需が丈夫になって働き口が多くなり、若者たちがやりたい仕事を見つけられる経済、未来に希望を抱いて人生を計画できる経済がまさに私たちが追求しなければならない未来像である。

　それでは具体的に現在の韓国社会が、直面しているさまざまな問題の連結をどのように断ち切ることができるのか。その始まりは一か所に集中した資本が社会のあちらこちらによく流れるように水門を開けることである。現在、韓国の大企業資本集中現象とそれにともなう経済の悪循環は思ったより深刻だ。正常な経済なら、家計

は汗を流して働いて稼いだお金を一生懸命に貯蓄し、企業はそのお金を借りて積極的に投資しなければならない。

　ところが韓国経済は今、貯蓄の主体であるべき家計が莫大な借金を抱えており、お金を借りて投資をしなければならない企業が過度に貯蓄している。特に財閥系大企業に投入された資金が増え続け、家計や中小企業によく流れていかないために、家計は所得が増えず、財布の紐を締めてもお金を「借りる」という手段を利用せざるを得なくなった。その上、これは再び消費と投資不振につながり、雇用の創出が難しくなった。その結果、若年失業が減らず失業率も増加している。このため、家計債務はさらに増え、格差社会はさらに酷くなり、福祉に対する要求はますます大きくなっている。

　このような現象は2005年頃から認知され始め、年数としてすでに17年も経つ慢性的な持病になった。この病気は一つや二つの方法で解決できる性質のものではない。盧武鉉政府と李明博政府がこれらの問題を解決するために、さまざまな対策を打ち出したが、いずれも効果を上げることができなかった。

　政府が乗り出して中小企業に投資資金を供給しようとも、究極的に税金も増え、租税抵抗が懸念されるだけでなく、果たしてどの中小企業に投資資金を供給しなければならないのか識別するのが非常に難しい。今も信用保証基金のような公共機関を通じて中小企業に資金を供給する制度がある。しかしIMFなどの国際機関では、そのような制度の効率性を問題視し、徐々に支援規模を減らしていくことを勧告している。

　実際、これまで公的資金として投入された事業に対しても管理監督を徹底しなければならない。巷では政府の公的資金が「目のくらんだお金」と皮肉られていることを認識しなければならない。すなわち、誰でも形式さえ整えれば支援を受けることができ、それで

終わりなので、「目のくらんだお金」ということだ。

　一方、同伴成長の具体策として提示した利益共有制、中小企業適合業種の選定、調達庁入札の 80% を中小企業に直接割り当てる制度などは、政府の直接介入なしに大企業に集中していた資金を中小企業に流れ込むようにする制度だ。このような制度が実現し定着すれば、中小企業の状況をかなり改善できるだろう。同伴成長を通じて支援を受けることになる中小協力会社は、まず大企業から実力と寄与度が認められているため、資金が変なところに流れる非効率を最小化できるだろう。そして、このように流れた資金は中小企業の実力を増進し、自生力を育て、結局、労働者の家計状況も改善することができる。また、所得が高くなると消費を創出し、内需を活性化することができる。

　したがって、同伴成長を通じた問題解決は、韓国経済の行き詰まった資金循環に穴を開けるという点で非常に重要だ。同伴成長は経済の好循環が再稼動できるようにする効率的な方法だ。一部では、同伴成長を通じて中小企業に流れる資金が多くなっても、どれほどのものだろうと疑念を抱く人もいる。しかし、その金額は無視できない水準になるだろうと私は思う。各種のシミュレーションがこれを証明してくれる。

　また、今すぐには中小企業に大金が流れなくても忘れてはならないことがある。巨大な湖は小川から流れ出る水が集まって作られるものだ。細い血管に流れる血液が私たちの体を支えているように、小さな流れが夢と未来が待っている海につながる。

政府の同伴成長への意志と努力が必要だ

　大企業が韓国の資金源を握っている。果たして彼らが持っているお金の規模はどの程度なのだろうか。2022年6月基準で証券取引所に上場している20社の大企業が保有する現金性資産が226兆ウォン(22.6兆円)を超えるという報道があった。100兆ウォンがどれほど大きなお金なのか簡単に見当がつかないが、その規模を概略してみれば、キリスト教のイエス様、または仏教の仏様が生まれて今日まで一日も欠かさず毎日100万ウォン(10万円)ずつ使っても全部使いきれないのが1兆ウォンだ。大企業が持っているお金はその226倍の226兆ウォンである。とてつもない大金だ。大企業はそれほどの大金を持っていても投資する対象がなく、相当の部分を銀行に寝かせておくという。このような多少あきれた現実でさらに皮肉なのは、中小企業は投資対象はあるが、お金がなくて投資ができないということだ。

　成長のためには投資が欠かせない。したがって、大企業には投資対象を探し出し、中小企業にはいいアイデアを実現する資金を支援しなければならない。そして、その結果に対して正当な対価を支払うことで成長を促進することができる。いくらいいアイデアを出しても正当な対価を受け取ることができなければ、技術革新は萎縮せざるを得ない。私たちに必要なことは、より多様な技術革新がさまざまな分野で起きることだ。大企業部門のイノベーションも重要である。しかし、私たちがもう少し関心を持って育てなければならないのは中小企業部門のイノベーションだ。そして中小企業のイノベーションが活発になってこそ、韓国経済の偏重構造も解消できる。

　このような大企業と中小企業の自発的な共生構造が形成されるためには、政府の積極的な支援が必ず伴わなければならない。韓国経済の根本的な問題を解決するための解決策は、経済の均衡を回復

し、中流層と庶民を生かす政策を展開することにあるからだ。そのためには、それを実際に執行する長期的戦略と一貫性のある政策が欠かせない。

　もう少し具体的に整理してみよう。

　第一に、政府の経済チームが信頼とリーダーシップを回復しなければならない。これが問題解決の出発点だ。金融危機の時、経済政策の責任者の判断はよく「アート (Art)」と呼ばれている。経済政策が単純な技術より、もう少し高次元的な判断をしなければならない非常に繊細な作業だという意味だ。例えば、同じ政策手段でも、いつどのような状況で実行するかによって、正反対の結果が出ることもある。

　特に危機の時は経済変数の敏感度が高くなり、変数の間で相互作用が非常に活発になる。人間の心理が極度に敏感になっているためである。したがって、経済政策の責任者が何気なく言った発言にも集団心理が作用して、全く予期せぬ結果が出ることもあり、発言のタイミングや強弱、予想される反応までも十分考慮して政策を展開しなければならない。

　それだけでなく、経済政策の責任者の発言や行動は動態的にもうまく調整されなければならない。言い換えれば、昨日ある話をして今日も同じ話をした時、その話の内容が一貫しているのか、それとも変わったのかによって政策の効果は全く違う。もし言葉が変わり、言葉と行動が一致しなくなれば、政策効果は大幅に減る。したがって、危機にうまく対応するためには、何よりも経済チームが市場で信頼とリーダーシップを確保しなければならない。そしてそのためには、彼ら自ら危機を克服するために一貫した青写真を持たなければならない。ビッグピクチャーなしに対症的に対応したら、自ら一貫性を失い、信頼も失いやすい。

第二に、中小企業と自営業を活性化させ、中流層を保護する積極的な経済運用が必要だ。特に、今日のように大企業に資本が集中し、庶民の暮らしが日増しに厳しくなる状況では、さらに政府の役割が重要だ。短期的な成果に執着するよりは、長期的に成長潜在力の拡充に投資を渋ってはならない。

　民間部門では中小企業と内需部門の育成に政策的努力を集中しなければならない。もちろん、輸出大企業を蔑ろにしようという話ではない。しかし、輸出大企業を先に支援して成長させ、その果実が下に流れ落ちていくという落水効果に頼っては、中小企業と自営業部門の発展をこれ以上成し遂げることはできない。それでは雇用創出と中流層復元という目標を達成することはできない。落水効果は 1960 〜 1970 年代式の古い成長戦略であり、21 世紀の韓国経済ではその有効性がとても低くなっている。

　今、韓国は経済の躍動性を取り戻して、バランスを回復することに劣らないほど、社会統合が非常に重要な時期だ。現在、韓国社会の随所に起きたさまざまな問題は分配が悪化して発生した危機である。だからこそ、もっと悪性だといえる。悪性腫瘍は応急処置だけでは解決できない。腫瘍を取り除かなければ、期限付きの人生を延命するにすぎない。根本的な治療が必要なら果敢にメスを入れなければならない。危機に直面したなら、過去の枠組みを果敢に破らなければならない。ためらって昔のことに執着すれば、新しい時代の流れを完全に反映することはできない。したがって、経済的弱者の所得基盤を強固にするための政府の同伴成長の意志や努力があってこそ、問題を根本的に解決していくことができる。

　もちろん、そのような作業が短期間にたやすく行われることはないだろう。しかし、社会の指導者たちが先頭になり、よりよい未来に対するビッグピクチャーを見せ、社会の構成員に協力を求めるなら不可

能なことでもないだろう。政府と社会構成員の積極的な努力で同伴成長が早いうちに実を結ぶことになれば、資金の流れはさらに円滑になるだろう。これを契機に家計債務の問題をはじめ、私たちが直面しているさまざまな経済問題が解決の糸口を見出すことができる。

高速成長を望むなら、まず同伴成長から

　あらゆる汚染で汚れきった河川から悪臭が漂うから、遅ればせながら自然生態系を作るという。ところが、排水が流れるヘドロの川を本来の自然の川に戻すことは容易なことではない。ショベルカーやブルドーザーを持ってきて河川を整備したからといって、突然魚が生まれ渡り鳥が訪れるわけではない。川の水が自然な回復力と浄化機能を備えるまで時間が多くかかる。そして河川の周囲をセメントではなく土で整備し、茂みが自然にできるまで、さまざまな復元段階を経なければならない。ただスコップを入れて土木工事をしたからといってできることではない。一国の経済成長も一緒だ。今は、昔の漢江の奇跡のように超高速成長は期待できない。さらに過去の成長方式では独占と独走をある程度容認したが、今は独占と独走を警戒しなければならない。そのため、成長段階を着実に踏み、社会構成員全員が成長の果実を味わえるようにしなければならない。

　韓国は比較的遅く経済成長を始めた国の中で初めて 50-30 クラブに加入することになった。ところが、ここでもっと欲を出し

て 50-30 クラブではなく、80-40 クラブにならなければならないという人もいる。50-30 クラブは人口が 5000 万人以上、1 人当りの GDP が 3 万ドル以上の国を言うのに対して、80-40 クラブとは人口 8000 万人以上で 1 人当りの GDP が 4 万ドル以上の国を意味する。これはおそらく南北を統一して人口を 8000 万にし、1 人当たりの GDP を 4 万ドル以上にするというビジョンを意味するのだろう。現在、人口が 8000 万以上の国のうち、1 人当たりの GDP が 4 万ドル以上の国は米国、日本、ドイツしかないため、韓国がそれを達成すれば、世界で 4 番目の国になる。このようなビジョンは、私たちが必ず追求しなければならない未来像であることは明らかだ。

　しかし、南北統一をすることは、我々の意欲だけを前面に押し出したからといって実現できる事案ではない。そこには北朝鮮という相手がいて、米国、日本、中国、ロシアのような周辺諸国の利害関係が複雑に絡み合っている。しかも、まだ韓国国民同士の意見さえ一つにまとまっていない。実際、大小の北朝鮮問題が起こるたびに国論が二つに分裂し、南南葛藤が尖鋭化した。これは非常に消耗的な葛藤であるだけでなく、むしろ韓国政府の外交力を奪うことでもあった。

　複雑に絡み合っている問題を解決していくためには、緻密で一貫した戦略とその戦略の推進を後押しする全国民の忍耐と支持が必要だ。私は南北統一のビジョンを語る前に、対北朝鮮問題に関する韓国内部の意見から一つにまとめる作業を急ぐべきだと思う。韓国内部から一つになってこそ、意味のある統一議論が可能になるだろう。それだけでなく、南北統一をするとしても、北朝鮮が市場を開放するとしても、南北の市場が統合されるとしても、北朝鮮の地域が直ちに意味のある市場になることは現実的に難しいという事実も十分認識する必要がある。

80-40 はいつかは達成しなければならない朝鮮民族の地上目標であることは間違いない。しかし、50-30 を達成したばかりの韓国が次の目標として追求すべきことは、80-40 ではなく 50-40 でなければならないのではないかと思う。80-40 を達成しようとするなら、それに先立って中間目標として 50-40 を達成するのが自然だからだ。50-40 も達成できないのに、80-40 を論じるのは荒唐無稽で雲をつかむような話になる。

　50-20 から 50-30 に上がるにも数多くの難関を通らなければならなかったように、50-30 から 50-40 に上がるにも克服しなければならない課題が多いだろう。2020 年に韓国は世界で 7 番目に 50-30 クラブの一員になった。また、2021 年に国連貿易開発会議 (UNCTAD) は韓国の地位を A グループから B グループに変更した。アジア諸国の中で B グループに属する国は韓国と日本しかない。韓国はついに豊かな国の仲間入りを果たすことになった。しかし、80-40 クラブは、また別の次元である。

　韓国社会は現在、非常に速いスピードで高齢化が進んでいるため、1 人当たりの GDP が 3 万ドルから 4 万ドルに上がるのは難しいかもしれない。逆に対処を間違えれば 3 万ドルから 2 万ドルに戻ることもありうる。しかし、私は韓国経済には 80-40 クラブという目標を達成するための潜在力がまだ十分残っていると信じている。その根拠は今日に合う経済活力回復の解決策、すなわち「同伴成長」がまだ試みられていないからである。

企業生態系を構築する同伴成長は投資活性化の鍵だ

　1 人当たりの GDP4 万ドルの経済を作るためには、投資が今より

はるかに活性化されなければならない。近いうちに韓国経済は高齢化とともに働ける年齢層の数が減る時期が来る。そうなれば、経済活力は著しく減ることになるので、そのような状況でも1人当たりの生産額を増やすためには今よりはるかに多くの投資が、それも効率性の高い投資が行われなければならない。

1990年代に入ってアジア通貨危機が発生するまで、ほぼ10年近い間に韓国経済には過度な投資が起きた。投資収益率が投資費用より低く、投資をすればするほど損害が出るほどだったが、投資は増え続けた。しかしアジア通貨危機を契機に過剰投資は一挙に解消され、投資すれば利益が出る効率的な投資に変わった。しかし、問題は投資率が低すぎることにある。過剰投資から投資不足に反転した。

投資不振は金大中政府・盧武鉉政府・李明博政府・朴槿惠政府を経て文在寅政府まで5代政権を通して続いていた。ここ25年近く経済で投資が足りなかった。その結果、過去の5代政権では潜在成長率が着実に下落し、経済の躍動性が次第に衰え、今日に至るようになった。

それでは過去にはあれほど盛んに行われていた投資が今はなぜこのように不振なのだろうか。韓国で投資が低迷している理由は、経済学的分析ではうまく説明できない。金利も低く収益率も高いのに投資が起きないからだ。輸出が活況なのに投資は低調だ。1990年代半ばまでは輸出がうまくいけば、投資が後を追うように起こり、内需が活況を呈した。輸出が内需を牽引する好循環構造だった。輸出が活況を呈せば、内需とともに経済全体が高度成長を間違いなく達成したりした。しかし、2000年代に入ってからは輸出がいくらうまくいっても投資が追いつかず、高度成長ができなくなった。

2002年に金大中政府の景気浮揚や脱税防止の対策として、クレジットカードの規制緩和を進めることで、内需が活性化され税収も

増えた。しかし、身の丈に合わない消費によって債務不履行者が急増しさまざまな社会問題を引き起こして「クレジットカード大乱」と呼ばれるようになった。輸出が好調だった 2005 年頃、クレジットカード大乱の影響で消費が減っていた期間が終了し、今や輸出増加が内需活況を牽引して、経済がもう一度跳躍できるという期待感があった。実際にその当時、中国特需で 1980 年代中盤の低ドル・低油価・低金利のいわゆる「3 低好況」に劣らない二桁輸出増加傾向が続いた。しかし成長率はせいぜい 3 〜 4% に過ぎなかった。その理由は投資が思ったよりはるかに低迷していたためだとわかった。輸出好況が内需活況を牽引していた連結の要が切れ、韓国経済が高度成長を成し遂げられなくなったことを確認した事例だった。

　連日史上最高値の売上と営業収益を上げる大企業関連ニュースに人々は首をかしげる。景気低迷のため、大手企業各社が新たな投資をせず、現金を縛り付けているというニュースも聞こえてくる。「備え有れば患い無し」の側面から見れば理解できないわけではない。しかし、果たして投資せずにお金を縛っておくだけでは足りず、中小企業から絞り出したり、金の卵を産むガチョウのような下請け会社を親戚たちで埋めることはどう説明できるだろうか。その上、景気低迷を示唆しながら大企業内部で「お金の宴」を開くのは、どうも辻褄の合わないあきれた行動としか言えない。

　世界の有名な革新企業は不況だからといって財布を開けることをためらうのではなく、果敢に投資して勝負に出た。インテルは IT バブルが完全に消えた 2000 年代初期から持続的に投資してきた。ドットコムバブルの神話が幕を閉じた時点で、IT 分野への新規投資は多くの専門家さえ憂慮する事案だった。しかしインテルは、ライバル会社の AMD がコンピューターの中央処理装置である CPU 設計投資に成功し、売上げをインテルより 3 倍も多くあげている

状況をじっと見守ることはできなかった。

　景気低迷に加え、ライバル会社の躍進は、身なりを整える前に気圧される状況だっただろう。AMDも本格的な不況期に入ると、収益性の悪化を理由に設備投資を中断した。しかし、インテルは新たな投資を止めなかった。ペンティアム4プロセッサーの開発に成功したインテルは、大々的なマーケティング投資まで続け、市場で成功を収めた。反面、AMDは構造改革をしなければならないほど事業が萎縮し、インテルに1位の座を明け渡さなければならなかった。「危機はチャンスだ」という古い格言は、依然として成功の糸口を提供する。インテルの成功は、危機の時に財布を開かない方がかえって危機に陥る危険性が高いことを如実に示している。

　そして今日成功する企業の投資は自社だけでなく生態系に属する企業に対する投資でもある。最近は財閥のタコ足経営がかえって企業を危機に陥れる恐れがあると多くの専門家が警告している。革新と専門性を追求する企業こそ、持続可能な経営が保障されるということだ。アップルやマイクロソフトのように、米国の大手企業はすなわち専門企業でもある。彼らは自分の核心力量をさらに強化するだけで、その他の力量はアウトソーシングや生態系を通じた供給で解決する。

　世界的な経営コンサルタントであるジェームズ・ムーアは1998年に出版した『競争の終わり』で「今後、経済界は個別企業間の競争からシステム間の競争に、そして企業生態系間の競争に変化するだろう」と未来を予測した。今の経済界では、彼の予測が正確に当たりはじめている。アップルが成功した原因も、彼らがすべてを自ら行ったのではなく、生態系を作ったためだった。アップルの革新は、もしかしたらアイポッドやアイフォーン、アイパッドのような製品ではなく、アップルの生態系だろう。フェイスブックも同様だ。

彼らが作ったウェブサービスに革新的な技術が新たに開発されたわけではない。革新的なアイデアと共に生態系を作っておいて、また他の革新企業と同伴成長をすることで、短時間で超高速成長を遂げることができた。グーグルはまたどうだろうか。グーグルは企業生態系だけでなく使用者まで「オープンソース開発」に参加させ、生態系の幅をさらに広げた。このような生態系に積極的に投資しながら働き口も創出している。彼らは自社に机を増やしたわけではない。シリコンバレーのいたるところにオフィスを作り、自宅で働くなど、社会のいたるところに雇用を創出している。このように生態系をきちんと作って投資し、共に成長する企業であればあるほど、持続可能な経営の安定的な土台を整えている。

　私が見た韓国社会の投資不振の原因は、まさに同伴成長の欠如である。いろいろな理由があるだろうが、企業生態系を構築しようとする努力と生態系を維持するための投資を惜しむからだ。グローバルな舞台では企業生態系間の競争がすでに始まっている。同伴成長はこのような生態系を作って投資するという話と変わらない。そうなれば、韓国社会でも至る所にいい働き口が自然に生まれる可能性ができる。あえて採用人員を増やして人件費の負担を持たなくてもよい。これだけ効率的な雇用創出がどこにあるだろうか。これまで韓国企業が訴えてきた人件費の問題は、このように自然と解消できる。ところが、この事実から背を向けるのは、その言い訳が苦しく見えるしかない。したがって、企業生態系を構築する同伴成長がまともになれば、投資が再び活性化し、輸出好況が内需好況につながり、いま一度韓国経済が高度成長できるだろう。

同伴成長は幸せへの鍵

　フランスに行けば「エマウス (Mouvement Emmaüs)」という貧民救護共同体がある。韓国にもこれと関連した団体があちらこちらにある。フランスのアベ・ピエール (Abbé Pierre) 神父が作ったエマウスは、全国で回収した不用品をリサイクルして販売するという独特な資金調達法で有名であり、現在フランスに 115 か所、世界41 か国にネットワークを持っている。上流層の家庭に生まれたピエール神父は、第 2 次世界大戦を経験する間、レジスタンスになって活動し、弾圧を受けるユダヤ人を助ける仕事をしながら弱者の世話をした。戦争が終わって彼は国会議員になったが、議員手当てで受け取ったお金はホームレスのために使った。

　いつも利他的な姿勢で暮らしていたピエール神父は、ある日、自分が住んでいる家が一人で住むには大きすぎると考え、家を無料で開放することにした。「エマウス」という表札をかけてお金が足りない若い旅行客を対象に宿舎として使うようにした。ところが時間が経てば経つほど旅行客より家庭を失った人、監獄で刑期を終え

て出てきたが行き場のない人、そして孤児とアルコール中毒者など行き場のない人が訪ねてきた。そんなある日、殺人罪を犯して刑務所で20年余りを過ごしたある男が訪ねてきた。彼もまた戻る場所のない絶望に打ちひしがれた男だった。案の定彼は翌朝自殺を図った。しかし幸い未遂に終わった。

ピエール神父は自殺に失敗した男に一言だけ言った。自分の傍で家を建てることを手伝ってほしいと「お願い」した。自殺については何も言わなかった。その男はピエール神父の言葉に従った。その男は後になってその時の心情を打ち明けた。その時、自分を戒めたり、金を握らせたり、住む家と職場を探そうとしたりしていたら、再び自殺を図ったと思う。しかし、ピエール神父の傍に付いて回りながら、貧しい人々の家を建ててあげているうちに、いつの間にか自分も誰かに役立つだけでなく、大工としての才能があることを知ったと感謝した。そのようにエマウスは世の中から捨てられたと思った人々が来て留まり、新しい希望を探す場所に変わった。

希望は誰かが代わりに持ってきてくれるものではない。ただし希望を見つけられる「機会(チャンス)」は与えることができる。同伴成長は中小企業と庶民に経済的に何かを与えようということではない。それより希望と夢を、挑戦と成功を期待できる機会を与えようということだ。ピエール神父が人々にお金と職業を紹介するより、最低限の住み処と希望を与えたのは同伴成長が期待しているものと同じだ。同伴成長は自立して成功できるよう機会を提供する社会的安全装置であり約束である。同伴成長は幸せの扉を開くための鍵だ。それ自体が最終的な目標ではない。それで同伴成長はよりよい社会に進む方法であり新しいパラダイムだ。幸福の扉を開く鍵である新しいパラダイムがきちんと作動するためには、何よりも目標が明確でなければならない。そうしてこそ、その目標に向かってしっ

かり進むことができるからだ。同伴成長の目標は、共生の企業生態系を作り、この社会の生態系を健康にすることだ。努力した分だけ対価を正当に補償してもらえる社会、皆が自ら立ち上がって成功を夢見ることができる社会が同伴成長が目標とする新しい韓国の姿である。

同伴成長はよい働き口を生み出す

　同伴成長の目標は、大学などの就活スペックがなくても、何でもやりたいことを頑張れば、生計に支障がなく、他人にも引けを取らない社会を作ることだ。大学に行かなくてもいいし、中小企業に就職してもいいと考える社会は、中小企業が今よりはるかに多くなり、堅実になってこそ実現できる。大企業に劣らない月給を与えることができ、職業の安定性やビジョンも大企業に劣らない中小企業が今よりはるかに多く育たなければならない。

　今の韓国社会では公務員になったり、医師・弁護士のような専門職の資格を取ったり、全体企業数の1%、就職先の12%しかない大企業に就職すること以外は、人生をまともに設計することができない。しかし、これらの就職先はラクダが針の穴に入るのと同じくらい難しい。人々が憧れるよい職業は全体就職者に比べて非常に少ない。私がやりたいことをしようと勇敢に挑戦したら、いつ失業者になるかわからない。さらに深刻なのは、皆の夢が公務員である社会になってしまったという現実だ。

　もちろん公務員も重要な職業であり、それなりに達成感を感じられる職種だ。だが、すべての人が公務員になりたい理由が「公務員の職業的使命感」や「公僕としての夢」のためではなく、ただ「安

定した職場」であるためというのが問題だ。それだけ食べていく問題が個人の、家の、社会の絶対的な最優先課題になってしまった。

このような狭い門を通過するために、青少年たちは激しい競争に喘いでいる。そのため、自分を不幸だと思って生きている。実に残念なことだ。そのような青少年を育てる親たちも不安と心配が絶えない。大企業がすべてを独占する経済では、大企業に就職したり、大企業の下請け企業にでも就職してこそ安心できる。中小企業に就職してはビジョンもなく、いつ辞めたらいいのかわからず不安だ。中小企業に就職するとすれば、社会的に認められず、その上結婚すら難しい。夢は遠くなり、薄れていく。夢を描かなければならない白い画用紙には、ひたすらスペックを積む書類番号だけがいっぱいだ。これでどう未来を語ることができるだろうか。

韓国政府は「いい雇用を創出」するという約束を口癖のようにしてきた。しかし、雇用は政府が創出するものではなく、ましていい雇用はまるで発明でもするようにある日突然作られるものでもない。たまにそうなる例もある。しかし、そこには明確な限界がある。だから雇用を創出すると言って、空しい数字の遊びにこだわるのではなく、まず今の雇用を振り返ってほしい。例えば、今目の前にない「よい」雇用を新しく創り出そうというのではなく、すでにある「悪い」雇用をよくしようということだ。そうした方がずっと庶民の役に立つ。聞いたこともない「よい雇用」を作ろうとしてその都度失敗するよりは、従来の中小企業の雇用をよくする方ががはるかに実現可能な目標ではないか。

悪い雇用をよい雇用に変えることは非正規雇用問題を解決できる糸口になる。企業としては環境があまりにも急変しているため、柔軟な人材運営が必要である。このような事情を無視してむやみに正社員に転換しろということは、また別のポピュリズムだ。それよ

りなぜ非正規社員が問題なのかを詳しく調べなければならない。韓国で「終身雇用」や「年功序列」という概念はとうの昔に崩壊している。そして職種により非正規雇用が避けられないこともありうる。それなら非正規職は必要に応じて認めるものの、彼らが差別を受けないようにしなければならない。韓国の企業は日常的に非正規が正規採用転換基準である2年以上勤務する前に解雇している。多くの場合、低賃金に長時間労働する非正規社員の雇用延長は、企業が刀の柄を握っており、企業はその刀の柄をむやみに振り回している。これでは柔軟な労働市場を云々することにどれほどの説得力があるだろうか。私としては言い訳にしか聞こえない。

　悪い雇用をよい雇用に変えることは、従来の中小企業を大企業に劣らない堅実な企業に成長させることで完成できる。ところが、全体雇用の88%を占める中小企業の雇用がよい雇用に変わるためには、企業生態系が健康になり多様化しなければならない。今のように中小企業の持分を財閥系大企業が独占するシステムでは、よい雇用を作ることは不可能だ。中小企業による非正規職員の量産も、考えてみれば正規職員への転換や雇用安定を保障する余力がないためではないだろうか。

　同伴成長は、すでにある中小企業の働き口をよい雇用、すなわち仕事の分だけ正当な持分が戻ってくるということだ。財閥系大企業が独占する利益の中で中小企業の正当な持分が中小企業に流れ込むようにし、それが再び中小企業の労働者に流れさせることが同伴成長の重要な目標の一つだ。そうなると、私たちの家庭は快適な生活を保障され、社会は安定することができる。また夢と希望をもう一度抱くことができる。同伴成長は単純な経済政策ではなく、個人と家庭の生活を保障する人生の哲学を基にした政策である。

同伴成長は家計債務を減らし成長潜在力を高める

　同伴成長のもう一つの目標は家計債務を減らすことだ。借金の下敷きになって死ぬという表現があるほど、借金は個人の生活を疲弊させ、最悪の場合には犯罪や自殺など行き止まりの選択をさせられる。2022年6月基準、韓国の家計債務は1869.4兆ウォン(186.9兆円)を越え、自営業者の負債は994.2兆ウォン(99.4兆円)を越えている。家計の負債と自営業者の負債を合わせれば、2863兆ウォン(286.3兆円)を遥かに越えるという。OECDによれば、2021年の韓国の家計債務は同年の可処分所得の206.6%に相当するらしい。可処分所得は所得から税金を払った後、処分できる所得を意味する。

　可処分所得の206.6%という数値が高いのか低いのか一律に言うことは難しいが、OECD加盟国の26か国の中で5番目に高い。2年間稼いだお金を全部つぎ込んで、やっと返済できるだけの借金をすべての家計が平均的に抱えているという意味だ。2008年に「借金だらけの帝国」と呼ばれた米国が金融危機に見舞われた時、可処分所得の128%が家計債務だった。この数値と比べると206.6%という数値は非常に高いといえる。また、この数値は経済的に困難に直面している南ヨーロッパよりも高く、非常に深刻な水準だ。

　負債を減らすためには基本的に所得が上がらなければならない。所得が上がらない状況で、誰もがベルトを締めて負債の削減に乗り出すなら、基本的な生活が難しいだけでなく、経済全体的にも消費が減少し、もう一つの景気萎縮の要因になるだろう。マスコミが報道する浪費や無駄遣いは一部だけの話だ。今すぐにでも町の市場に出て「人々が浪費している」と話せば、皆「どの星の話ですか」と聞き返すだろう。粉ミルクを買うお金がなくて子供たちをまともに養育できないというのがむしろ現実的な話だと思う。それだけ韓国

社会の家計は崩壊し、生命さえも危うくさせている。

　家計所得を上げるためには全労働者の88%が働く中小企業部門が堅実にならなければならない。大企業が莫大な収益を上げても、中小企業が破産の岐路に立たされては家計所得が全体的に上がることはとても不可能だ。何度も言うが、中小企業の問題は単に企業と経済の問題だけでなく、人間の暮らしに関する問題だ。人間の暮らしに愛情を持てない社会はジョージ・オーウェルの『アニマル・ファーム(動物農場)』とさほど変わらない。少数が支配し差別に順応して服従が美徳である社会、個人の自由と暮らしが崩壊した社会は共産主義社会だけではない。浅薄な資本主義社会も『アニマル・ファーム』で描かれた悲惨な社会と変わらないかもしれない。

　大企業と中小企業の間の同伴成長と共に、中小企業の労働者たちが労働の正当な分け前をきちんと受け取っているのかも必ず確認しなければならない部分だ。お金が大企業から中小企業に流れ込んでも、それが中小企業に留まったり無駄に消えたりするなど成長の肥やしにならなければ、結局お金が労働者に流れ込むことができなくなるので、同伴成長の期待効果は半減せざるを得ない。

　一方、経済が躍動性を再び回復するためには、大企業と中小企業、自営業を含め、韓国社会のいたるところで正当な競争とイノベーションを通じて成長潜在力を拡充する必要がある。製造業が雇用を創出できないため、サービス業を育てなければならないという話が出てきて、「10年後の働き口を探さなければならない」として IT(Information Technology)、BT(Biology Technology)、NT(Nano Technology) など取り沙汰されてから、すでに20年が過ぎた。20年が経っても効かない処方箋は間違っているに違いない。イノベーションと競争が引き続き活発に、ダイナミックに起きれば、それがITであれ、NTであれ、BTであれ、もしくはグリーン産業であれ、

経済が自ら最も効率的に選択できるだろう。

　したがって、政府が必ずしなければならないことの一つは、イノベーションや競争が萎縮しないように助けることだ。この時の競争は公正でなければならず、活発なイノベーションがさまざまな形で起きなければならない。韓国経済が早老化、すなわち「老い」への道を進んだのは、競争が公正でなく、イノベーションが特定部門に限定されているためだった。イノベーションが輸出大企業、グローバル多国籍企業だけに限定されたため、企業はよくなっても国民経済はよくならない現象が続いている。しかし、全体企業の99%である中小企業と全体労働者の88%である中小企業の労働者が活発に創意力を発揮し始めれば、韓国経済には希望がある。

同伴成長は生産的福祉だ

　経済二極化が深刻化すると、福祉拡大の要求が強くなっている。これに対して、気の利く政治家たちは福祉拡大を政策として掲げており、今は与野党を問わず20代から40代までのために多様な福祉政策を準備していると宣伝している。ところが、持続的な成長が伴わない福祉は、ややもすると底抜けの壺に水を注ぐようなもので、むしろ韓国社会を危険に落し入れかねない。

　ある社会の65歳以上が全人口の7%以上であれば高齢化社会、14%以上は高齢社会、20%以上は超高齢社会と言われる。韓国は2000年に高齢化社会になり、2017年に高齢社会になった。2022年9月の韓国統計庁の報告書によれば、韓国は2025年に超高齢社会になるらしい。これは高齢社会から超高齢社会になるまで15年かかったアメリカや、10年かかった日本よりも早いスピードであ

る。韓国は地球上のどの国よりも早く高齢化が進んでいる。近い将来、韓国の財政は超高齢化現象のため持続不可能になるだろう。当分の間は大丈夫だが、2025年に超高齢社会に進入すれば、韓国の財政は急速に悪化する可能性が高い。この問題に徹底的に備えず、現在の財政が比較的大丈夫だからといって、お金がかかる福祉政策を作りだすのは若い世代を欺く欺瞞行為である。「若い世代のために福祉を増やす」と言いながら、その究極的な負担は彼ら自身に負わせる結果になってしまうだろう。

　したがって、ますます大きくなっている福祉に対する要求を無分別に受け入れ、財政が耐えられないほどの約束を乱発してはならない。韓国経済の好循環を回復させ福祉需要を緩和することが、韓国経済のためにも社会の結束と未来の財政負担緩和のためにも必ず先行しなければならない。すなわち、福祉要求を財政拡大で受け入れようとするより、その原因となる二極化の治癒がもっと重要だと考えなければならない。

　政治家たちが福祉について話す時、それは基本的に持っているものを分けようという話だった。結果を分け合おうということだ。しかし、経済二極化は「結果の再分配」では根源的に解決することが難しい。それよりは機会を均等にすることに焦点を合わせた方が望ましい。先に走っているグループが遅れているグループからプレーする機会さえ奪ったのではないか、綿密に調べ、小さなことでも具体的に役立つ対策をたくさん出さなければならない。中小企業適合業種を選定して大企業にそのような分野には入らないように勧めることとか、同伴成長指数を算定して公表することとか、中小企業の技術水準を高めるためにいろいろな努力をすることは、全て中小企業に機会を分け与えようということだった。

　経済格差は福祉が足りなかったためではなく、経済が活力を失っ

たために現れる現象だ。経済が活力を失ったため、福祉のための創意的な代案と財源が用意されない。社会的弱者のための最小限の社会的セーフティネットを構築する福祉は重要だ。しかし、まるで麻薬のように一時だけ状況をよくするものでは駄目だ。それはむしろ未来を台無しにする。福祉は、誰でももう一度チャンスを掴むことができるように、再起の準備ができるまで守ってあげる安全網にならなければならない。それなら、いつでもどこでも機会が創出される社会を作らなければならない。これこそ最善の福祉政策だろう。

　今、与野党を問わず、さまざまな福祉政策を競争するように約束している。しかし、福祉をいくら拡大しても答えにはならない。対策を立てる前に問題の原因を正確に指摘しなければならない。内需が低迷しているから内需を浮揚し、働き口が不足しているから働き口を作り、若年失業率が高いからインターンシップを拡大し、家計債務が深刻だから貸出を減らすというような対応は根本的な解決策にはなれない。韓国経済の活力を断ってしまう慢性的なパラダイムに巨大な転換があってこそ問題が解決できる。

　同伴成長を通じて企業部門、特に財閥系大企業に縛られている余裕資金が中小企業を含めたその他の部門に流れ込むようにしなければならない。それが問題解決への第一歩だ。

　まだ一部では、「大企業と中小企業の問題を解決する同伴成長という案が、結局、大企業の利益を奪って中小企業に配ることではないか」と言う人もいる。しかし、同伴成長は成長の結果を分けようということではない。ただ、成長の機会を均等にしようということだ。機会を均等にした後からは、各自の能力を最大限に発揮させることで、結果的に国民生活が均等に向上するようにしようということだ。

　もちろん、大企業が中小企業適合業種に参入すれば、大企業は

中小企業より効率的に経営することができるだろう。経済学的には能力のある企業、競争力のある大企業が市場を占めることに何の問題もない。しかし、そのままでは現実的に中小企業が市場に参入する機会が生じない。社会的な側面から見れば望ましくないことである。成功の機会をちゃんと与えない状態では公正な競争になることはできず、公正でない競争の結果は誰も認めない。そのような社会は不満に満ちた社会になるだけだ。それだけでなく、長期的に見て市場参入の機会が生じないことは、経済学的観点からも経済全体の厚生のために望ましくない。このような市場では経済全体的に望ましい水準の結果が生産されないためである。

過去には景気が悪くなる度に大統領が財閥系大企業の総帥らを食事会に招待して投資を拡大してほしいと頼んだ。しかし、私は大企業が投資を増やさないのも残念だが、さらに深刻な問題は中小企業から中堅企業に、中堅企業から大企業に成長していく事例が現れないことだ。

資金源が供給され、市場に資金が流れていくことは重要だ。しかし、一時的に資金を支援するより、競争力を備えることができる、危機に免疫力を育てることができる、もう一度機会と成功を夢見ることができる生態系を作る根源的な政策が必要だ。企業がダイナミックに成長できないのはいろいろな理由があるだろうが、万が一でも中小企業にまたは中堅企業に成長する機会が回らないためではないか、成長する機会を大企業が独占しているためではないか、反省してみる必要がある。

同伴成長は新しい資本主義の核心だ

　世の中は変わった。社会的トレンドが変わり、消費者のマインドが変わり、企業が繁栄を謳歌する方法も変わっている。韓国社会のいたるところで起きている同伴成長の要求と努力は、韓国が経済強国に一歩跳躍し、さらに成熟している兆候と見ればよい。すなわち、同伴成長は韓国がさらに一歩跳躍し成熟した社会に進む重要なバロメーターだ。これと共に、韓国社会の深刻な経済的格差とそれによる葛藤、分裂、そして停滞した現実をこれ以上放っておけないという使命感の宣言でもある。

　同伴成長は政府の強力な意志、大企業の先導的変化、中小企業の自助が三位一体になってこそ実現できる。しかし、これまで政府が提示した経済政策は二極化を解決し、雇用安定を増大させるのに足りないという判定を受けて久しい。同伴成長が既存政権の経済哲学をラッピングするスローガンになったのではないか、果たして同伴成長に対する現実性はあるのか、国民は疑っている。

　韓国の経済官僚の問題点も指摘せざるを得ない。彼らも従来の

認識とシステムの延長線上で問題に接近しており、すべてのことを自分たちの統制下で管理することに汲々としているようだ。同伴成長委員会は社会的変化を導いていく哲学と政策について活発に議論し、多様な活動を通じて社会的変化を鼓舞する求心体の役割を果たさなければならない。しかし、時間が経てば経つほど官僚たちの目には、同委員会が知識経済部 (日本の財務省) と中小企業庁の付属機構または傘下機関程度にしか見えないのではないかと私は懸念している。

　財閥系大企業の態度も生ぬるく受動的だ。協力会社との関係を改善しなければならないという強迫観念は持っているが、どのように変化すべきかはよくわからないようだ。その理由は、いまだ甲乙関係の惰性に浸り、内部システムが変わらないためだ。現実性を持って同伴成長文化を深く植え付けるための実質的な方法を模索することにはまだ関心を示していない。大金を使って華やかなイベントをし、さまざまな約束をするが、依然として自分を開放していない。協力会社がどんな会社であり、彼らとの間でどんなことが起きているのか外部に知られることを敬遠する。同伴成長は決して単発的なイベントではない。どんな暴風雨や洪水、そして日照りが来ても耐えられる堅固な木の種をまいて芽を出すプロジェクトだ。それでも同伴成長をイベントと考えて世論を集めるだけでは、問題の深刻性を知らないだけでなく、企業の持続可能な経営のルーツが何なのかまともに認識できずにいるということを自ら告白する格好だ。

　このような大企業の消極的な態度はスポーツ用品として世界的に有名なナイキ社 (Nike Inc.) の場合と全く対照的である。ナイキ社は、完成品を生産する時に発生する環境汚染を減らし、作業環境を改善することが、自社はもちろん協力会社ひいては顧客と地域社会に有益だという結論を下した。それでナイキ社は１、２、３次協力

会社の名簿を一般に公開し、これら業者から自社に至る製品の生産全過程を分析し、各過程の有害性、安全性、効率性を計量化した。その結果、自社構成員、協力会社、顧客と市民団体が環境汚染と勤務環境改善状況を監視できるようになった。

同伴成長は持続可能な社会共同体の価値である

　世界的なカジュアル衣類メーカーである米国のGAP(Gap Inc.)は、年間売上高が韓国ウォンで30兆ウォン (3兆円) を超える。ところが2007年、インドのある下請業者で児童の低賃金、労働力搾取問題がNGOの調査により発覚する事件があった。10歳余りの子供たちが1日16時間も工場で裁縫などの労働をしていた。一部は賃金さえまともに受け取れなかったと話した。これに対し、世界的にGAP商品に対する不買運動が繰り広げられた。売上高は1か月で25%も急減し、その後も減少傾向はなかなか回復しなかった。

　普段、GAPは労働力搾取を防ぐために90人余りの職員がモニタリングをしていた。そしてこの事件が発生すると、直ちに謝罪と共にGAPの児童労働禁止政策に違反した下請業者と取引を中断し、該当工場で生産された製品は販売できないよう措置を取った。しかし、GAPのこのような努力にもかかわらず顧客の失望と怒りは収まらなかった。

　この事件が韓国企業に伝えるメッセージは明らかだ。企業の社会的責任と良心経営がもはや選択の領域ではないということだ。顧客は非良心的で非道徳的で、ひいては社会的責任を果たさない企業をいつでも捨てることができる断固とした態度を持っている。もちろんインドの下請工場で起きたことで損害を被ったので、GAPと

しては悔しいと思うところもあるだろう。しかし、顧客は協力会社と本社を個別ではなく、一つの共同体と見ているという現実も肝に銘じなければならない。すなわち、下請業者や協力会社はすでに当該大企業の手であり足である。「それは手が悪い」として、単純に下請業者を処罰することでもみ消そうとしてはならない。このため、大企業から協力会社までを一つの共同体として受け入れる認識の転換が必要だ。「これは私たちの方針だから無条件に従ってくれ」ではなく、価値とビジョンの共有、共同体に合う適切な補償などで真の同伴成長を通じたウィンウィン (Win-Win) 構造を構築すれば、あえて監視と処罰という鞭を振り回さなくても共に同じ方向を眺めながら前進できるだろう。

　同伴成長は価値と関係に対する認識の転換から始まる。協力会社との関係改善を越え、より根本的な組織観の変化が求められる。一時、「家族以外は全部変えよう」というサムスンの李健熙総帥の言葉が流行った。ところが、今は総帥自身が変わらなければならない時代になった。総帥自ら価値志向を明確にし、内部はもちろん外部を一緒に眺める広い視野を持たなければならない。認識の転換と決断が難しいのであって、方法上の困難は大したことではない。その気になれば、大企業の経営企画部署で長くない時間にそれぞれの実情に合う創意的な実行計画を作り、一定規模のモデル事業を実施できるだろう。

　同伴成長は現実性の問題だ。誰かが強要してすることでもないし、強要してもできることでもない。企業が自ら選択し自発的に推進する未来志向的な成長戦略にすぎない。ただし、このような選択の基準には必ず「人」が入っていなければならない。狭くは自分の会社を導いてきた、また今後も導いていく社員がこれに該当する。広くは協力会社の社員までも含まれるだろう。そして、もっと広く

広めれば自分たちの製品を買ってくれる顧客と未来の潜在顧客まで含まれる。どこまで含めるかはそれぞれの企業の判断だが、その判断によって企業の未来が明確に変わる可能性があることを肝に銘じなければならない。

したがって同伴成長は企業と経済だけに該当するものではなく、人生の哲学であり新しい社会共同体を作るための社会的価値である。同伴成長を単純にお金を分けよう、利益と富をきちんと分けようということで理解してはならない。また、中小企業と庶民だけのための恩恵的政策を追求するものと誤解してもならない。同伴成長は大企業のための政策であり哲学でもある。同伴成長が目指す分かち合いの価値はすなわち「相利共生」であり、相利共生は新しい資本主義の核心的哲学である。小泉内閣以降の新自由主義的な経済から脱却し、「成長と分配の好循環」を目指す岸田首相の「新しい資本主義」は「公益」を目指す同伴成長であるといえる。

アルトゥル・ショーペンハウアーは言った。

「全ての真理は第一段階では嘲弄され、第二段階では激しい反対に遭い、第三段階で初めて自明なものとして認められる。」

私は同伴成長が韓国経済の躍動性を回復し、好循環の構造を回復できる確実な鍵であるにもかかわらず、嘲弄され激しい反対に遭ったことも、結局は自明なこととして認められるために通過しなければならない一連の過程だと思う。そして今や同伴成長は、その険しい過程を乗り越えて、3番目のステージの入り口に立っている。この扉を開く力は、同伴成長に向けた私たち皆の意志と熱望から始まることを忘れないでほしい。

エピローグ

同伴成長、暮らしの哲学、
そして経済民主化

私は同伴成長委員会で、大企業と中小企業の同伴成長を成し遂げるためにさまざまな努力をしてきた。そして、今は同伴成長研究所を作って韓国社会のいたるところに同伴成長の種をまき、根を下ろすための努力を続けている。小さくてもその成果が実っていくことを眺めてやり甲斐を感じながらも、一方ではまだ道は遠いという歯痒さも感じている。しかし、確かなのは同伴成長は私一人だけの孤独な叫びではなく、韓国国民の皆の声であり、その一つ一つの声が集まって同伴成長の水門が開き始めたということである。

　同伴成長は共に成長することだけに、ただ大企業や中小企業の関係だけに当てはまる言葉ではない。同伴成長をもっと広い意味で解釈してもらいたい。大・中小企業間、貧富間、都市・田舎間、地域間、首都圏・非首都圏間、男女間、南北間、北東アジア諸国間など多様な領域で行われることができ、また行われなければならない。

　だが、その中でも大・中小企業間の同伴成長を強調することは、最も切迫した問題から一つずつ順番に解決していこうという意味である。すべての問題を一気に解決しようとすると、その領域が広がって何もできなくなる恐れがある。そのため、まずは最も身近なこと、現実的なこと、切迫したことから解決していかなければならない。そして大企業と中小企業が同伴成長を成し遂げれば貧富間、都農間、首都圏・非首都圏間の問題もある程度は自然に緩和されるだろう。大企業が首都圏と主要都市に多く、有名なお金持ちたちがこれを所有しているため、大・中小企業間の問題を先に緩和できれば、他の問題も共に緩和できる。

　もちろん、他の領域から個別に接近することもできる。また、そうしていかなければならない。例えば、男女間の同伴成長の場合、私がソウル大学総長を務めていた時、ソウル大学史上初めて女性教授を研究所長や学生処長として迎えた。それまで女性の学部長はい

たが、学生処長は初めてだった。それがたとえ私が所属する組織で行われた非常に小さな実践に過ぎなかったとしても、私は私たちの社会のより多様な領域で男女が同伴成長できることを期待し、またそうなると信じている。

　ソウル大学で同伴成長を実践したもう一つのことは、2005年に始まった「地域均衡選抜制」である。ソウル大学の新入生を選ぶ際、全国にある各高校の校長から3人以内の生徒を推薦してもらい、その生徒たちの中から先に1000人近くを選ぶ。そして残りの新入生を従来の大学修学能力試験 (日本のセンター試験) で選抜することにした。これは地域間の同伴成長のための努力であり、実践であると見ることができる。この制度を導入する前まではソウル大学に学生を1人以上入学させた高校が韓国全土で650校を越えなかったが、実施後には1400校にまでなったこともあった。それだけ多様な地域、多数の学校からソウル大学に進学できるようになった。その上、これは地域間の同伴成長の他にまた別の意味もあった。多様な地域、多様な環境、多様な性格の友人に会って互いに交流すれば多様な間接経験を多くできるようになり、またその間接経験をすることにより自然に創意性が生まれる。21世紀の成長原動力が創意的力量であるだけに、ソウル大学で創意性がより活発に花開くよう助けるのが当時総長であった私の役割だと思って、私は多くの反対を押し切って果敢に私の決定を押し進めた。

　その中でも南北間の同伴成長は開城工業団地がよい例になるだろう。北朝鮮の開城工業団地は、韓国の中小企業に新たな活力を吹き込む機会であり、南北間の葛藤を少しでも減らし、共生の糸口を見出す事業だった。同伴成長は国家間にも適用できる。国家間の同伴成長も難しく考えれば、ますます難しくなる。しかし、簡単に考えればとても簡単なことから、また身近なことから進めることができる。

世界の7不思議の一つである万里の長城に韓国人が多く訪れ、世界7大自然景観の一つである済州島に中国人が多く訪れるだけでも、それも一つの同伴成長になる。もちろん、韓中日のFTAは韓中日三国の同伴成長の一形態になるだろう。その他、韓国の伝統である郷約、ドゥレも同伴成長であり、1997年のアジア通貨危機の時、危機に陥った国を救うために韓国の全国民が参加した金集め運動も同伴成長のための努力だった。慶州の富豪であった崔家、ウォーレン・バフェット、ビル・ゲイツのような世界の大富豪が実践している分かち合いと寄付活動もすべて同伴成長の一環である。同伴成長はこのように広く解釈できるので、私たちの身近で小さなことから実践していけばいい。

　一方、2012年大統領選挙で話題を集めた経済民主化も、同伴成長を実現するいい手段になりうる。しかし、経済民主化に対する概念の確立から正しくしなければ、かえってとんでもない方向に流れてしまうのではないかと心配したのも事実だ。

　当時、保守派である国民の力党が掲げる経済民主化は、大企業と中小企業間のこれまでの関係をそのまま受け入れたうえで、これからは大企業が公正取引の規則をきちんと守るようにするという程度の意味合いしかなかった。

　まるでボクシング試合でヘビー級の選手とフライ級の選手が階級差を問題にせず、反則なく公正に試合を行うようにするというやり方だった。これは階級の違う2人の選手をリングの上に乗せて、「一度やってみろ。その代わり足で蹴ってはいけない。反則したら駄目だよ。ルールを守りなさい」と言うのと同じだった。階級の差は考慮せずに試合だけを公正に行うようにすれば、そのような試合が果たして公正な試合と言えるだろうか。

　一方、進歩派である共に民主党が掲げる経済民主化は、財閥に

手を加えたいということにすぎないようだった。すなわち、財閥を改革したいという意志は明らかなようだが、何をどうするという具体的なプランは見えなかった。我々の目的は財閥の改革そのものではなく、経済民主化、ひいては同伴成長にある。言い換えれば、私たちの願いは、裕福な人を貧しくしようということではなく、みんなで豊かに暮らそうということだ。財閥改革は経済民主化のための一つの手段になり得る。しかし、決してすべてではない。

　当時の政界で言われた経済民主化は財閥グループの支配構造を変えることに焦点が当てられていた。しかし、国民が期待する経済民主化は財閥の支配構造をあれやこれやと批判して変えなければならないという次元ではない。財閥が中小企業に不当な影響力を行使しないように防ぎ、財閥企業の１次協力会社はもちろん、２次や３次協力会社に至るまで、彼らにも正当な持ち分をまわそうという意味ではないか。

　このような意味で、2012 年当時の韓国政界の経済民主化議論は、その方向を再検討する必要があった。同伴成長を支える手段としての経済民主化議論でなければ、庶民の生活に、中小企業の経営に、そして韓国経済の長期的かつ安定的な成長活力の回復に、何の役にも立たなかったのかもしれない。また、米中対立やコロナ禍のような厳しい今の時期に、再び問題の核心から外れた改革案を出せば、国民を何度も失望させるだけかもしれない。

　声だけが大きく騒がしい経済民主化の議論よりは、むしろ中小企業適合業種の選定や利益共有制をもう少し具体化・制度化する議論が急がれる時だ。政府発注において、政府の必要物資を中小企業に直接発注する割合を 80% 以上に定めることも重要である。

　さらにもう一歩進んで、過去 60 年から 70 年間も続いてきた大企業中心の経済政策から脱皮し、中小企業中心の新産業政策を展開

することを提案する。企業が発展するためにはお金も必要だが、何よりも人が必要だ。中小企業によい人材が多く集まるように、中小企業に就職する学生には学資金ローン (教育ローン) を優先的にする一方、他のさまざまなインセンティブも講じる必要がある。政府の研究開発資金も一定比率以上は、中小企業へ支援して中小企業の研究開発を促進し、また貿易振興公社が大学および中小企業と連携して中小企業の海外進出を支援しなければならない。米通商代表部 (USTR、The Office of the U.S. Trade Representative) の常任顧問を務めたカリフォルニア大学 (サンディエゴ) のピーター・ダウニー教授は、「中小企業が生き残る道は技術開発と海外進出しかない」と話した。この言葉に耳を傾ける必要がある。

　同伴成長は何より人生の哲学だ。私は同伴成長社会は「共に生きる社会」「皆に公正な機会を与える社会」「夢と挑戦が期待できる公正な社会」ということを何度も強調してきた。このように同伴成長は人生の哲学であり、社会共同体の運営原理でもある。経済民主化は同伴成長という人生の哲学や社会共同体の運営原理が経済部門に反映されるものでなければならない。同伴成長はこれからの韓国社会が目指すべき時代精神として提示していかなければならない。

▌著者紹介

鄭 雲燦（ジョン・ウンチャン , 정운찬）

　韓国忠清南道公州市に生まれ、ソウル京畿高等学校、ソウル大学商科大学経済学科を卒業した。卒業後、韓国銀行に勤めたがアメリカに渡り、マイアミ大学で経済学修士学位を取り、プリンストン大学大学院で経済学博士学位を取得した。コロンビア大学で経営大学院助教授として講義と研究を続けていたが、1978年、韓国に帰国して母校であるソウル大学の講壇に立つ。その後もハワイ大学経済学部招聘教授、イギリスロンドン政経大学客員教授、ドイツボクム大学招聘教授、プリンストン大学招聘教授を勤めた。ソウル大学経済学部長を経て、2002年7月ソウル大学第23代総長に選出され、4年間の任期を終えて再び経済学部教授として在職した。日本東京大学の総長諮問委員として活動し、韓国第40代国務総理として在職した。総理退任後、半官半民の同伴成長委員会の初代委員長として就任したが、活動に限界を感じて2012年民間団体として同伴成長研究所を設立した。また、韓国野球委員会(KBO)の総裁を勤めたこともある。

　鄭雲燦は第2次世界大戦が起きたことも知らなかった忠清道の山里で末っ子として生まれた。彼の名前は天の福を持って生まれた「運がいっぱいな」子供という意味だが、幼い時は貧乏から抜け出せなかったという。「Bus」を「ブース」と発音した京畿中学校在学時代から、カナダ人の医療宣教師スコフィールド博士の精神的・経済的配慮の下で世の中の温かさを学んだ。アダム・スミスの『国富論』を読んだ後、経済学を一生の業として研究してきた。

　ソウル大学総長として活動していた当時、「支配せず奉仕せよ」という忠告に従って、CEO総長として後援金を集めるために奔走しながらもリーダーシップの原則と学者の良心を守った。クロー

ンES細胞論文を捏造した黄禹錫（ファン・ウソク）教授事件と盧武鉉政府の大学抑圧政策など多事多難な事件の中でも、円満に知性の権利回復に貢献したという評価を受けたりもした。主な著書は下記の通りである。

▎主要著書

※（ ）は原題

『試される韓国経済（도전 받는 한국경제)』、韓国信用評価、1990.

『金融改革論（금융개혁론)』、法文社、1991.

『中央銀行論（중앙은행론)』、学現社、1995.

『韓国経済、死んでこそ生き延びる（한국경제 죽어야 산다)』、白山書堂、1996.

『韓国経済、まだまだ先は遠い（한국경제 아직도 멀었다)』、ナムワスプ、1999.

『韓国経済、まだ遅くない（한국경제 아직 늦지 않았다)』、ナムワスプ、2007.

『未来のための選択、同伴成長（미래를 위한 선택 동반성장)』、21世紀ブックス、2013.

『野球礼讃－野球バカ、ジョン・ウンチャンの野生野史物語（야구예찬－야구 바보 정운찬의 야생야사 이야기)』、ヒューマンキューブ、2013.

『経済学原論（경제학원론)』11 版、栗谷出版社、2020.

『韓国経済、同伴成長、資本主義精神（한국경제 동반성장 자본주의 정신)』、パラムブック、2021.

『マクロ経済論（거시경제론)』13 版、栗谷出版社、2022.

『貨幣と金融市場（화폐와 금융시장)』6 版、栗谷出版社、2022.

『我が師匠、我が人生（나의 스승, 나의 인생)』、ナナム出版、2022.

▌主要編著

『一緒に遠くへ行こう－新しい社会共同体のための実践哲学（함께 멀리 가자－새로운 사회공동체를 위한 실천철학)』、同伴成長研究所、2014.

『韓国社会が問い、同伴成長が答える（한국사회가 묻고 동반성장이 답하다)』、同伴成長研究所、2015.

『同伴成長と韓半島の統一（동반성장과 한반도 통일)』、同伴成長研究所、2016.

『大韓民国を生かす道、同伴成長（대한민국을 살리는 길 , 동반성장)』、同伴成長研究所、2017.

『共同体と同伴成長（공동체와 동반성장)』、同伴成長研究所 , 2018.

『韓半島ルネサンスと同伴成長（한반도 르네상스와 동반성장)』、同伴成長研究所、2019.

『同伴成長と経済民主化（동반성장과 경제민주화)』、同伴成長研究所、2019.

『同伴成長の原理と資本主義の精神（동반성장 원리와 자본주의 정신)』、同伴成長研究所、2020.

『韓国経済の同伴成長のための戦略（한국경제의 동반성장을 위한 전략)』、同伴成長研究所、2022.

『同伴成長研究所 10 年史（동반성장연구소 10 년사)』、同伴成長研究所、2022.

▌訳者紹介

金弘来（キム・ホンレ, 김홍래）

　韓国の江原道江陵市生まれ。ソウル永東高等学校、ソウル中央大学日本語日本文学科を卒業した。卒業後、暁星グループに就職したが、再びソウル中央大学大学院の修士課程に進学。その後日本へ渡り、東京大学で文学修士学位と文学博士学位を取得した。専攻は源氏物語研究。2009年に韓国へ帰国し、中央大学、京畿大学、聖潔大学、仁川大学などで非常勤講師を勤めた。2020年から同伴成長研究所の事務総長を勤めている。

未来のための選択、同伴成長

初版発行　2023年 10月 31日

著　　者　鄭雲燦
訳　　者　金弘来
発行人　中嶋啓太

発行所　博英社
　　　　〒370-0006 群馬県 高崎市 問屋町 4-5-9 SKYMAX-WEST
　　　　TEL 027-381-8453 / FAX 027-381-8457
　　　　E·MAIL hakueisha@hakueishabook.com
　　　　HOMEPAGE : www.hakueishabook.com

ISBN　　978-4-910132-52-5